艺术 体育
高校学术研究论著丛刊

青少年女子长跑运动员基础训练阶段研究

骆学锋 著

中国书籍出版社
China Book Press

图书在版编目(CIP)数据

青少年女子长跑运动员基础训练阶段研究 / 骆学锋著. -- 北京：中国书籍出版社，2019.11
ISBN 978-7-5068-7560-8

Ⅰ.①青… Ⅱ.①骆… Ⅲ.①女性－青少年－长跑－运动训练－研究 Ⅳ.①G822.32

中国版本图书馆 CIP 数据核字(2019)第 268702 号

青少年女子长跑运动员基础训练阶段研究

骆学锋　著

丛书策划	谭　鹏　武　斌
责任编辑	尹　浩
责任印制	孙马飞　马　芝
封面设计	东方美迪
出版发行	中国书籍出版社
地　　址	北京市丰台区三路居路 97 号(邮编：100073)
电　　话	(010)52257143(总编室)　(010)52257140(发行部)
电子邮箱	eo@chinabp.com.cn
经　　销	全国新华书店
印　　刷	三河市铭浩彩色印装有限公司
开　　本	710 毫米×1000 毫米　1/16
印　　张	13.75
字　　数	240 千字
版　　次	2021 年 1 月第 1 版　2021 年 1 月第 1 次印刷
书　　号	ISBN 978-7-5068-7560-8
定　　价	72.00 元

版权所有　翻印必究

目 录

1 前言 ·· 1
   1.1 选题依据 ··· 2
   1.2 研究目的和意义 ··· 8
   1.3 主要创新点 ··· 10

2 文献综述 ·· 12
   2.1 国内研究现状 ·· 12
   2.2 国外研究现状 ·· 69

3 研究对象、方法和技术路线 ··· 77
   3.1 研究对象 ··· 77
   3.2 研究方法 ··· 82
   3.3 研究技术路线 ·· 87

4 结果与分析 ·· 88
   4.1 我国长跑项目运动员基础训练阶段理论研究 ······ 88
   4.2 我国长跑项目青少年运动员及其执教教练员
       的调查研究 ··· 97
   4.3 我国长跑项目青少年女子运动员基础训练阶段
       现状调查分析 ·· 135
   4.4 我国长跑项目青少年运动员基础训练阶段内容
       和负荷特点实证调研 ··· 150

5 结论和建议 ·· 176
   5.1 结论 ··· 176
   5.2 建议 ··· 177

研究总结与展望	……………………………………	180
参考文献	………………………………………	182
附　录	…………………………………………	194

　　附件1　长跑运动员青少年训练一般情况调查问卷……… 194
　　附件2　青少年长跑运动员执教教练员调查问卷………… 199
　　附件3　长跑项目现役和退役优秀运动员调查表………… 208
　　附件4　测试和调研图片………………………………… 211

1 前 言

国家体育总局于 1995 年颁布的《奥运争光计划》[1]、2000 年颁布的《2001—2010 年体育改革与发展纲要》[2]和 2002 年颁布的《2001—2010 年奥运争光计划纲要》[3]中都曾多次提出并强调"我国竞技体育在项目结构上,存在着夺金项目分布面窄、优势项目不多的情况。要优化项目布局结构,拓展新的金牌增长点"。

田麦久等[4]学者在"论我国 2008 年奥运会潜优势项目的确定与超常规发展策略"中的研究也显示,"在悉尼、雅典两届奥运会上,我国运动员在乒乓球、羽毛球、跳水、女子举重 4 个项目合计分别获得了 17 枚与 15 枚金牌,占允许参赛项目金牌总数的 81.0% 和 71.4%,已经接近饱和,人们普遍认同的乒乓球、羽毛球、跳水、体操、举重、射击和女子柔道等 7 个我国传统优势项目进一步提高的空间已经不大"。

在我国备战奥运的 28 个大项中,除了乒乓球、羽毛球、跳水、举重、射击、体操等传统优势项目外,还存在着很多潜优势项目,如田径(竞走、长跑)、自行车、蹦床、摔跤、射箭、击剑、曲棍球、网球、拳击、赛艇、皮划艇、游泳(长距离、花游)等一些曾经取得过世界冠军或在奥运会比赛中取得过前几名,但成绩不稳定的运动项目。国家体育总局早在 2001 年就提出[4]"为了在 2004 年奥运会,特别是在 2008 年奥运会上再创佳绩,使中国竞技体育可持续发展,应该巩固优势项目群,开发和扩大适合中国实际情况的潜优势项目以及扩大新的金牌增长点,大力开发奥运会潜在优势项目"。这在政策上和实践上都为我国竞技体育今后的可持续发展指明了方向。

综上所述,在我国传统优势项目的夺金点已经趋于饱和的情况下,如何拓展潜优势项目的发展空间,进一步加强潜优势项目的理论和实践研究,使其在尽可能短的时间内从潜优势项目变成优势项目,是我国今后竞技体育发展的重要战略方向。

1.1 选题依据

理论认识的模糊必然会导致实践操作的粗放。人们习惯于在"奥运会大项"的层级上谈论优势项目和潜优势项目,而实际的奥运会比赛是按照"小项"组织进行的,同一"奥运会大项"内不同"小项"的水平往往存在着明显的差别。因此,在进行我国奥运会潜优势项目的认定和研究过程中,必然要落实到具体的"小项"上。

田麦久等[4]学者在"论我国 2008 年奥运会潜优势项目的确定与超常规发展策略"中的研究提出"我国奥运会 48 个潜优势项目分别分布在 17 个中项中,分别为游泳(11 项)、体操(5 项)、蹦床(2 项)、摔跤(5 项)、射击(5 项)、举重(3 项)、跳水(1 项)、击剑(5 项)、拳击(1 项)、皮划艇(1 项)、跆拳道(2 项)、自行车(1 项)、柔道(1 项)、田径(2 项)、曲棍球(1 项)、射箭(1 项)、羽毛球(1 项)"。其中,在雅典奥运会上,这些潜优势项目在比赛中所获金牌占我国金牌总数的(10/32)31.3%,所获奖牌占我国奖牌总数的(19/63)30.2%,由此可见,潜优势项目运动员在比赛中理想发挥的结果对我国奥运会比赛中的金牌榜排位有着重要的影响。研究中认为,潜优势项目中田径的两项分别为男子 110m 栏和女子 10000m,由此也正式提出并明确了我国女子长跑潜优势项目的地位。

1 前言

表1 1984－2008年奥运会我国田径项目奖牌统计表

内容	姓名	项目	成绩	奖牌
1984年洛杉矶	朱建华	男子跳高	2.31m	铜牌
1988年汉城	李梅素	女子铅球	21.06m	铜牌
1992年巴塞罗那	陈跃玲	女子10km竞走	44′32″	金牌
	李春秀	女子10km竞走	44′41″	铜牌
	黄志红	女子铅球	20.47m	银牌
	曲云霞	女子1500m	3′37″08	铜牌
1996年亚特兰大	王军霞	女子5000m	14′59″88	金牌
	王军霞	女子10000m	31′2″58	银牌
	隋新梅	女子铅球	19.88m	银牌
	王妍	女子10km竞走	42′19″	铜牌
2000年悉尼	王丽萍	女子20km竞走	1:29′5″	金牌
2004年雅典	刘翔	男子110m栏	12″19	金牌
	邢慧娜	女子10000m	30′24″36	金牌
2008年北京	周春秀	女子马拉松	2:27′07″	铜牌
	张文秀	女子链球	74.32m	铜牌

20世纪90年代，我国女子长跑曾取得过辉煌的成绩（表1），以"马家军"为代表的一批女子中长跑运动员异军突起，连破世界纪录，震惊了世界田坛。我国女子长跑运动员王军霞创造的室外3000m世界纪录，至今无人刷新。表1统计显示，我国在

1984—2008年奥运会田径项目中共取得5枚金牌、3枚银牌、7枚铜牌,其中,女子中长跑项目具有举足轻重的地位,共夺得5枚奖牌(2金1银2铜),占我国全部田径项目15枚奖牌总数的33.3%,金牌数为所得全部田径金牌的40%。

表2 我国长跑项目1988—2008年奥运会进入前8名的女子运动员一览表

届别	年份	地点	项目	姓名	成绩	名次
24	1988	汉城	女子10000m	王秀婷	31:40.23	7
			女子马拉松	赵友凤	2:27:06	5
25	1992	巴塞罗那	女子10000m	钟焕娣	31:21.08	4
			女子10000m	王秀婷	31:28.06	6
26	1996	亚特兰大	女子5000m	王军霞	14:59:88	1
			女子10000m	王军霞	31:02.58	2
27	2000	悉尼	女子10000m	李季	31:06.94	7
28	2004	雅典	女子10000m	邢慧娜	30:24.36	1
			女子10000m	孙英杰	30:54.37	6
			女子5000m	孙英杰	15:07.23	8
29	2008	北京	女子马拉松	周春秀	2:27:07	3

女子长跑项目是具有潜优势的田径大项中的绝对优势小项,是我国的田径传统优势项目,曾经保持着较高的整体水平(表2和表3)[5],是我国今后田径取得突破的重点项目之一。在备战2004年雅典奥运会期间,国家体育总局田径运动管理中心就把女子长跑项目作为我国田径在雅典奥运会上的重点项目,女子长跑项目在我国有着相当的基础和整体优势,在亚洲也有一定优势,承担着雅典奥运会田径的重点攻坚任务。我国女

子长跑运动员,除表1中我们统计的1984－2008年奥运会田径项目长跑项目所获奖牌情况外,表2和表3统计结果显示,我国长跑项目1988－2008年奥运会中进入前8名的有11人次,占全部田径项目进入前8名56人次中的19.6%,1987－2009年世锦赛中进入前8名的有23人次,占全部田径项目进入前8名95人次中的24.2%,这在我国田径其他项目进入世界顶尖选手行列人数寥若晨星的局面下,进一步证明了我国女子长跑项目具有良好的发展基础和整体优势。

女子长跑项目作为我国奥运会田径传统优势项目,发展态势一直相对稳定,但是,在2000年、2004年、2008年三届奥运会上,成绩出现较大波动,与世界总体成绩产生了差距。在27届悉尼奥运会上成绩不甚理想,仅仅在女子10000m中获得第7名,尽管28届雅典奥运会上邢慧娜夺得女子10000m金牌,但是在29届奥运会中仅在女子马拉松中获得一枚铜牌,寄予厚望的传统优势项目女子5000m和10000m竟然无人进入前8名。成绩是项目发展的一个反映,但在看成绩的同时,应该对中国女子长跑项目的整体状况和发展方向有客观冷静的认识,认真分析我国女子长跑项目成绩起伏不定和落后的原因,进行深入细致的研究,寻找我国女子长跑项目的科学化、可持续发展之路。

表3 我国长跑项目1987－2009年世锦赛进入前8名的女子运动员一览表

届别	年份	地点	项目	姓名	成绩	名次
2	1987	罗马	女子10000m	王秀婷	31:48.88	8
3	1991	东京	女子10000m	钟焕娣	31:14.31	2
			女子10000m	王秀婷	31:35.99	3
4	1993	斯图加特	女子3000m	曲云霞	8:28.71	1
			女子3000m	张林丽	8:29.25	2
			女子3000m	张丽荣	8:31.95	3
			女子10000m	王军霞	30:49.30	1
			女子10000m	钟焕娣	31:12.55	2

续表

届别	年份	地点	项目	姓名	成绩	名次
6	1997	雅典	女子5000m	刘健英	15:10.64	6
			女子10000m	任秀娟	31:50.63	5
			女子10000m	杨思菊	32:01.61	7
8	2001	埃德蒙顿	女子5000m	董艳梅	15:10.73	4
9	2003	巴黎	女子10000m	孙英杰	30:07.20	3
			女子10000m	邢慧娜	30:31.55	7
10	2005	赫尔辛基	女子5000m	邢慧娜	14:43.64	5
			女子10000m	邢慧娜	30:27.18	4
			女子10000m	孙英杰	30:33.53	7
11	2007	大阪	女子马拉松	周春秀	2:24:12	5
			女子马拉松	周春秀	2:30:45	2
			女子马拉松	朱晓琳	2:31:21	4
12	2009	柏林	女子马拉松	白雪	2:25:15	1
			女子马拉松	周春秀	2:25:39	4
			女子马拉松	朱晓琳	2:26:08	5

(依文超,2006,中国田径运动百年,整理改编)

我国学者陈小平[6]在其研究中提出"一个项目或项群长期落后的主要原因在于训练方向上出了问题,应该在训练理念上寻找答案,而运动水平出现暂时下降的主要原因往往归结于训练的具体方法;但也不能完全排除成功的偶然性,一个在整体上落后的项目也有可能出现例外的成功,但这种成功不具有大面积的辐射作用,当明星退去时,整个项目又重新回到原有的位置"。我国长跑项目曾经在20世纪90年代出现过一段辉煌,但是27届、28届、29届三届奥运会的成绩出现波动,与世界的差距拉大,他谈到我们的训练更像是一种"自然淘汰的过程",而不是一种有目标和针对性的训练,在训练上还没有摸索到规律,没有形成科学的训练路径和有效的训练方法。

从对29届北京奥运会的比赛成绩统计表明[7]"我国优、劣势项目差距进一步加大。占奥运金牌总数46.4%的长期落后的体能类基础大项,如田径、游泳、自行车和水上项目等并没有出现明显的改观,只获得4枚金牌,占4大项140枚金牌的2.9%;田径的47枚金牌(男24枚、女23枚)仅有超长距离跑项目(马拉松)获得了1枚铜牌"。因此,我们应当认识到,我国体能类运动项目所出现的长期、共性的整体落后状况,仅通过具体训练方法、手段的改变已经不可能从根本上解决问题,这可能需要我们从宏观的训练思路和理念方面重新审视,从训练的系统性上面寻找原因,甚至需要追寻到青少年时期的基础训练。

早在20世纪90年代我国学者任海[8]就在"对20世纪70年代初我国优秀少年田径运动员的调查及对其'早衰'原因的探讨"的研究中提出"我国少年运动员存在运动寿命短、成年后达高水平人数少、个人最高成绩出现早、保持高水平时间短、伤病严重等明显的'早衰'现象,究其主要原因是,初期训练阶段片面专项化而造成身体全面训练不足,训练基础薄弱,其根源是训练理论和竞赛制度不完善,以及缺乏全面评价少年训练质量的标准等"。我国学者学者徐本立[9]也在其2001年"早期训练科学化的提出及系统化训练理论"的研究中提出"我国少年儿童早期训练中'拔苗助长'及'过早早期专项化'的短期行为和不注意基础训练的问题十分严重"。由此可见,我国的运动训练的基础训练阶段出现问题是由来已久的,并且我国少年儿童时期基础训练阶段科学化训练问题已成为制约我国早期训练的一个核心问题,运动员青少年基础训练阶段存在的问题早已经引起学者的关注,并在理论上进行了积极的探索和研究。

打好基础是运动员成才的重要条件,基础训练是运动训练完整过程的关键阶段,关系到运动员最终的运动成就和运动寿命。如果在运动员的青少年基础训练阶段,过早地运用成人运动员的训练手段和方法,专项训练比例和强度过大,造成运动员"过早早期专项化",就违背了人体的生理发育规律,容易破坏训练的系统性,对运动员的运动生涯造成无法弥补的损失。我国女子长跑项目担当着田径攻坚的重要任务,其成绩长期波动和落后的局面早已经引起管理部门的重视,田管中心主任罗超毅[10]曾提出"中国田径项目要想改变目前的尴尬局面,就要用很长的时间来培养后备人才,无论是基层教练的水平、业余训练阶段的选材,还是国家队层面的对外交流、训练理念和方法的完善,都要一步一步的夯实基础,真正从基础上把这个项目做强"。从他的讲话中,我们能够认识到我国女子长跑项目的发展需要从基础上抓起,认真做好青少年运动员的选材和基础训练工作。

综上所述,可以看到我国女子长跑项目虽然具有很大的发展潜力,但是与世界最高水平相比仍存在着一定的差距。这种差距是多方面、综合性的,尤其是女子长跑项目运动员青少年基础训练阶段更加需要引起关注和进行深入研究。我们应借鉴国外的先进训练理念和训练方法,从我国训练的体制和管理的实际出发,更新我国长跑项目宏观训练理念,在对已有的相关研究成果进行系统梳理的基础上,对我国长跑运动员青少年基础训练阶段进行深入的调查研究,选取具有典型代表性的青少年长跑运动队进行个案追踪的实证调研。通过本研究,为全面落实奥运金牌战略和推动我国女子长跑项目的科学化、可持续发展提供理论基础和实践指导。

1.2 研究目的和意义

运动训练是一个系统工程。训练的系统性主要体现在横向和纵向两个方面:在横向上,需要把握不同竞技能力之间的关系,追求最佳的整体训练效果;在纵向上,需要根据人体生长发育的特点和专项的要求有目的地控制不同能力的发展,使各种能力水平适时达到最大化。青少年的训练充分体现了运动训练的系统性规律,是运动训练纵向发展的一个重要环节。

女子长跑虽然是我国田径运动中的优势项目,曾经取得过辉煌的成绩,但其成绩发展的不稳定性,项目的发展程度,以及可持续发展水平等方面都存在着较大的问题。当前,我国女子长跑项目的发展受到青少年基础训练的极大影响,许多在一线成年运动员身上表现出来的不足和弱点,其原因在很大程度上并不在于目前的训练,而应该追寻到青少年时期的基础训练。我国女子长跑项目长期不能取得突破,很多运动员只能达到世界一般水平,而不能达到世界顶尖水平的主要原因,很可能与青少年的基础训练有关。

我国青少年女子长跑运动员基础训练中,可能会存在下述问题,需要在研究中重点进行关注:第一,技术和体能的纵向发展倒置;第二,一般训练和专项训练的比例失调;第三,技术缺乏协调的支持,导致各个素质之间发展的不平衡(大肌群与小肌群、四肢与躯干、神经与肌肉、有氧与无氧);第四,专项成绩的可持续发展存在问题(预留出发展空间);第五,疲劳与恢复的关系(训练负荷的成人化问题)等。

长跑项目对于肯尼亚、埃塞俄比亚、俄罗斯、英国、美国、澳大利亚等国家来说属于优势项目,基本已经形成了较为完善的青少年训练和竞赛理论体系,并已有大量青少年训练和比赛问题的研究成果。然而与这些国家相比,女子长跑作为我国的潜优势项目,关于青少年长跑项目训练问题的相关研究长期以来还处于较低水平。我们的一些研究成果,如在 20 世纪八九十年代进行的田径青少年训练大纲研究,无论在方法上还是在结果上都还不能满足训练实践的需求,还有一些研究也普遍存在过于宏观、理论与实践相脱节的问题,对运动训练缺乏实际的指导意义。

从国内外已有的一些关于长跑项目运动员青少年基础训练和比赛问题的研究来看,如德国、俄罗斯,以及我国的青少年训练教学大纲和近年来国内外有关青少年运动员训练、比赛的一些研究资料,这些都能为我们进行女子长跑项目运动员青少年基础训练的研究提供一定的借鉴和参考。但由于国内外青少年生长发育情况不同,国内外的相关研究工作还不够系统和完善,需要进行大量的基础调查、训练追踪和实验研究工作。

理论是实践的依据,长跑项目运动员青少年基础训练理论的薄弱在致使训练实践盲目与低效的同时,还成为成年阶段最大训练成效的形成与可持续发展的羁绊。长跑项目运动员青少年基础训练研究不足是造成上述差距的重要因素,需要进行有针对性的研究,以期从基础上解决女子长跑项目运动员训练科学化的问题。为此,对我国女子长跑项目运动员青少年基础训练进行研究具有非常重要的意义,其研究成果可以为全面落实奥运金牌战略和促进我国女子长跑项目科学化和可持续发展提供重要的理论依据。

1.3 主要创新点

1.3.1 研究思路创新

我国女子长跑项目长期不能取得突破,很多运动员只能达到世界一般水平,而不能达到世界顶尖水平的主要原因,很可能与青少年的基础训练有关。本研究从长跑项目运动员训练纵向角度入手,对女子长跑项目青少年基础训练阶段进行深入研究,通过调查和实证研究,寻求女子长跑项目基础训练中存在的问题,并提出有建设性的建议,为推动我国女子长跑项目科学化、可持续发展提供理论上的依据。

1.3.2 研究方法创新

通过问卷调查法,对女子长跑项目青少年运动员执教教练员一般情况和训练方法手段、女子长跑项目青少年运动员一般情况、运动损伤和过度训练情况、基础训练宏观现状进行调查,了解其训练的客观条件,并提出近期和长远的实际建议。

通过个案研究法,选取长跑项目典型省份运动队和典型训练期,进行基础训练追踪调研,从中提炼、总结出周训练结构、训练内容、训练负荷等特征,指出其中存在的问题,并提出近期和长远建设性的建议和举措。

通过实证研究法,对追踪调研典型运动队进行典型课次的血乳酸、心率、协调能力测试,并对各课次训练内容、负荷等进行详细记录和整理统计,将之与国内外相关研究标准和优势国家进行比较,为长跑项目运动员基础训练科学化和可持续发展提供第一手的研究资料。

1.3.3 研究内容创新

通过对女子长跑项目青少年后备人才的一般情况,以及国内外训练和竞赛体制进行比较的调查研究,分析优势和劣势,从中提炼出不同的特点,分析问题,找出差距和我们可以借鉴的经验。

对我国长跑项目青少年运动员执教教练员的数量、结构和梯队等特征进行调查研究,提出存在的问题和解决问题的建议。

通过问卷调查法,对我国女子长跑项目青少年运动员的训练进行调查分析,探寻长跑项目训练阶段的划分、专项特征和专项成绩增长规律;并对青少年训练的总体负荷、训练方法和手段、负荷结构等关键问题进行分析研究,提出其存在的问题和解决办法。

通过实证,对女子长跑项目青少年运动员的训练方法和负荷进行研究,对周训练课结构、周训练方法、周训练负荷、训练课准备活动和整理活动、协调能力进行测试调研分析,指出其中存在的问题,并提出近期和长远的解决问题的举措。

2 文献综述

2.1 国内研究现状

2.1.1 相关训练理论的研究

"实践是检验真理的唯一标准",训练实践是训练理论出现的先决条件,它总是走在训练理论的前面,优异的运动训练成绩是训练实践的完美展现,是训练实践和训练理论完美结合的产物,训练实践和训练理论是相互支持、补充,相辅相成的关系。训练理论和训练实践的脱节,必然会导致训练实践的盲目和低效重复,只有及时地总结训练实践中的制胜规律和正确的训练理念,形成正确的训练理论,并在此基础上反过来指导训练实践,在训练实践中不断的发展变化,才能形成科学化和可持续发展的训练理论。因此,在进行女子长跑项目运动员青少年基础训练研究之前,我们有必要对相关的理论研究进行系统的梳理,从宏观上把握研究的现状和方向。

我国学者陈小平[①](2006)在"训练理念的发展——传统与创新的碰撞"的研究中提出:我国训练中长期存在的一个问题,是简单地认为训练理念是理论的、宏观的,是把握训练方向的"哲学",而没有真正理解到训练理念实际上就是对训练本质和规律的反

---

① 陈小平.训练理念的发展——传统与创新的碰撞[J].体育科研,2006(4):59—63.

映和认识。只有那些符合项目规律的训练理念才可能对运动训练发挥正确的指导作用,而脱离训练实践的训练理念只能将训练引向歧途。具有先进的训练理念并不一定能够培养出高水平的选手,但是那些培养出高水平运动员,尤其是培养出多名高水平运动员的优秀教练员,一定拥有正确和先进的训练理念。此外,在本研究中他还提出:如果教练员一旦形成了不正确的训练理念,则在相当长的时间内很难改正,从而对运动训练产生方向性的负面影响,甚至导致一个运动项目或项群的长期落后。因此,当一个教练员的训练或一个运动项目的发展出现长期停滞和落后的时候,首先需要反思的就是训练的理念。

针对我国体能类项群整体落后的局面,陈小平[①](2009)从上述训练理念研究出发,对我国奥运基础大项(包括田径)进行了理论上的研究。他指出:北京第29届奥运会的比赛成绩表明,我国优、劣势项目的差距进一步加大,长期落后的田径等项目在总体上仍然没有出现明显改观。运动训练是导致该类项目整体长期落后的主要原因。协调和技术的训练、训练量与训练强度的平衡、神经支配能力的训练以及训练负荷的长期安排和控制,是目前我国奥运基础大项训练亟待解决的问题。

此外,陈小平[②](2003)在另外的一系列研究中从宏观上进行了有针对性的原因分析,他指出:(1)马特维耶夫的训练周期"模式"已不适应当前竞技体育比赛量大幅度增加的发展趋势,不利于高水平运动员专项能力的进一步提高,我国目前体能类项目长期停滞不前的原因,不仅在于具体训练方法和手段的落后,更在于缺乏对一些占主导地位的训练理念和思路的反思;(2)不能完整、准确和有针对性地解释和定位专项运动特征是我国竞技运动

---

① 陈小平,刘爱杰.我国竞技体育奥运基础大项训练实践的若干理论思考[J].体育科学,2009(2):8—14.
② 陈小平.对马特维耶夫"训练周期"理论的审视[J].中国体育科技,2003(4):6—9.

训练中长期存在的问题①;(3)多年训练过程中"专项能力"训练的错位、重外在形式而轻内在力度的专项训练和未将"专项"作为专项训练的核心内容等问题,是造成我国部分体能类项目成绩长期停滞、徘徊,无法冲击世界先进水平的主要原因②;(4)训练质量是决定训练水平的重要因素,当前我国运动训练界存在两种错误倾向,即试图通过提高训练强度和增加比赛数量来解决训练质量不高的问题③;(5)"急功近利"的训练导向,对"专项强度特征"的错误判断,以及对高水平运动员适应过程的简单理解,是造成盲目提高训练强度的主要原因④。

针对我国体能类项群所出现的问题,陈小平在后续的研究中提出了一系列解决问题的思路和研究方向。他指出:(1)由结果到过程的控制是当前运动训练科学化的一个重要发展趋势,它可以更加真实、深入地了解和认识项目特征,在源头上形成正确的训练方向,更加突出运动训练的系统性,全面和完整地把握训练和比赛的全过程,更加强调动态和变化,从体能和技术两方面控制运动员的训练⑤;(2)通过明确训练的目的性、缜密的计划性和系统性、突出个体差异性等是提高运动训练的科学化水平和提高训练质量的唯一有效途径;(3)从机体"适应理论"的角度,从负荷对机体的正、负两方面的影响考虑耐力的训练,重视有氧能力的训练是提高我国耐力项目运动水平的关键,有氧训练与力量和技术训练的密切结合是耐力训练的一个重要发展趋势;(4)准确辨别不同的耐力训练模式,科学地分析不同能量代谢过程之间的关

---

① 陈小平. 论专项特征—当前我国运动训练存在的主要问题及对策[J]. 体育科学,2007(2):72—78.

② 陈小平. 试论"专项能力"的训练—对我国体能类项目训练中存在的主要问题的探析[J]. 中国体育科技,2002(1):10—12.

③ 陈小平. 训练质量—兼析当前我国运动训练中存在的问题[J]. 体育科研,2006(1):50—54.

④ 陈小平. 我国耐力训练存在的主要问题—对训练强度失衡的反思[J]. 武汉体育学院学报,2008(4):9—15.

⑤ 陈小平. 有氧训练—提高我国耐力项目运动水平的关键[J]. 体育科学,2004(11):45—49.

系,合理把握训练量和强度的比例,是迅速提高我国体能类项目耐力水平的正确途径;(5)技术是体能的载体,当前我国运动员专项能力薄弱,反映出运动技术及其训练仍然存在很多问题,制约我国体能类项目运动水平快速提高的原因不仅有体能因素,而且更重要的是运动技术的不足,青少年时期是技术形成的关键阶段,在该训练阶段要注意技术的掌握程度和形成的方式,这两方面都将对运动水平的持续发展构成重要影响[①]。

此外,我国学者茅鹏[②](2003)在其"一元训练理论"的研究中指出:(1)"技术"和"体能",本是"一元"的,不存在没有体能内容的动作技术,不存在没有技术形式的体能发展,技术与体能,就像形式与内容一样,在客观现实中是无法分离的;(2)从"调整有序状态"出发,训练工作具有"正"、"负"两种可能效应,以及"正"、"副"两种作用效果;(3)在训练安排的顺序中,侧重点的先后,一般为必须先技术、后体能;(4)缺乏儿童期的优质技术基础,这是中国田径、大球等项目长期落后于世界水平的重要原因之一。

综上所述,陈小平先生通过对我国体能类项目及其运动训练整体落后的现状分析,在宏观上从训练质量、专项特征、专项能力等方面进行了研究,指出传统运动训练指导思想的误区、对训练质量观的错误认识、盲目增加训练强度和比赛数量、急功近利的训练导向等是我国运动训练中存在的问题。他提出的一系列解决问题的思路和研究方向,如运动训练由结果到过程控制的转变、提高训练质量、重视有氧能力及有氧能力与力量和技术结合、重视运动员技术和青少年时期的训练等对我国训练学理论的发展将会产生革命性的深远影响。茅鹏老先生的"一元训练理论"观点也从一个侧面印证了马特维耶夫的传统训练周期理论的局限性,如训练周期理论缺乏基础理论和实验的支持、不适应赛制的发展、不利于高水平运动员的训练等,同时,也支持了陈小平先

[①] 陈小平.论运动技术和技术训练—我国训练理论和实践中存在的问题及对策[J].体育科研,2006(5):35—45.

[②] 茅鹏等.一元训练理论[J].体育与科学,2003(4):5—10.

生所提出的我们应该重视运动员技术和青少年时期训练的观点。通过对我国运动训练学界学者的观点和重要发展趋势的研究综述,对我们进行长跑项目运动员青少年基础训练的研究具有重要的参考价值,对本研究的开展具有指导性的意义。研究思路上的清晰与方向上的正确性,不仅使我们的研究具有宏观上的前瞻性,而且极大提高了研究的平台高度和理论价值。

2.1.2 长跑项目训练的相关研究

在查阅了长跑项目训练方面的相关资料,发现绝大多数的研究集中在长跑项目的现状与发展趋势、训练方法和训练监控、运动损伤和疲劳恢复等方面,而与长跑项目运动员基础训练密切相关的专项训练、技术训练和心理训练的研究较少,下面我们分别进行综述。

长跑项目现状与发展趋势的研究较多,这可能和这类选题比较切合实际,且偏向应用性有关,因而研究的频次较高。王港[11](2003)在其"中外女子长跑项目当前现状与发展趋势研究"中,通过对国内外女子长跑成绩进行比较研究,提出"目前世界女子长跑的现状表现为,优势国家相对集中,其优势特点各有不同;中国近年的运动水平虽有所提高,但存在着整体水平不高、成绩起伏大的特征。世界女子长跑的发展趋势在于:重视速度训练,运动负荷进一步增大,突出心理训练的重要性,重视人才群体的培养。中国女子长跑在可持续发展的集团优势、训练的科学性、运动员心理素质的培养等方面存在着一定的差距,在对女子长跑项目特征性的认识上有待于进一步深化"。宋广林[12](2006)在其硕士学位论文"中国女子中长跑的现状分析和对策研究"中,通过问卷调查和近十年来的成绩比较分析等方法,提出"我国女子中长跑项目运动成绩起伏大、落差大;各个项目之间发展不均衡;成绩虽有所回升,但整体仍有差距;后备力量欠缺;没有形成较好的集团优势。并提出了扩大选材范围,发展后备力量;大力培养全面型教练员；加强训练的科学性等发展对策"。此外，此类研究也有针对长跑优势省份发展现状与对策的一些研究，如李学东[13](2005)的硕士学位论文"云南中长跑成绩下滑原因分析及对策研究"和陈剑峰[14](2005)的硕士学位论文"内蒙古自治区马拉松运动现状调查与发展研究"。有关国内外和我国优势省份长跑项目发展现状和趋势的研究虽然从客观上提出了项目发展的方向和趋势，但是存在着研究结论和建议过于宏观、针对性不强、应用性不够等缺点，需要在今后的研究中避免。

长跑项目训练方法和训练监控方面的研究也较多，如郭经宙等[15](2002)分别对持续跑训练法、自然跑训练法、"法特莱克"跑训练法、间歇跑训练法、反复跑训练法、马拉松跑训练法、高原训练法、综合发展训练法、科学化训练法等9种训练方法进行了归类和比较分析研究。训练方法的研究存在研究重复性高、创新性不够的问题。有关训练监控方面的研究，如马丽华等[16](2007)的"北京市中长跑队运动员冬训阶段某些生理生化指标的监测分析"和马瑞华等[17](2008)的"我国女子长跑运动员专项身体素质训练状态的诊断与评价研究"实验研究，也均存在研究过于宏观、理论和实践结合不够的问题。

长跑项目运动损伤和疲劳恢复的研究面较广，均具有较高的应用价值。有代表性的研究主要有楼静等[18](2003)"田径运动员赛前训练期身体机能评定及营养恢复探讨"的研究，该研究通过为期4周的营养补充和生化指标测试的实验对比研究，提出合理安排运动负荷和营养计划对改善运动员机能状况，乃至创造良好运动成绩起着至关重要的作用；合适的营养液对提高男运动员血睾酮水平有一定效果等研究结论。此外，王安利[19](2001)在其"田径运动损伤的原因、特点及预防"的研究中从田径运动员损伤的特点及机制、基本原因、预防措施等三个方面进行了全面详细地论述。和长跑项目有关的一些损伤及恢复研究，如颜智等[20](1996)的"少儿田径运动员疲劳性骨膜炎诊断与治疗"、谭英杰[21](2000)的"高校中长跑教学常见运动损伤及防治"，均存在着研究的系统性不强、重复性高、参考资料范围较窄的共性问题,在此不再赘述。

有关长跑项目专项训练和技术训练、心理训练的研究较少,专门针对长跑项目青少年基础训练的研究更少。有关技术训练的研究只有张玉泉[22](2000)的"我国中长跑运动员技术之不足"、王姝毅[23](2007)的"甘肃省女子5000m、3000m跑运动员技术运动学研究"、路鹏等[24](2008)的"不同水平中长跑运动员跑步能效的比较"等,而且研究中均未对如何提高中长跑技术训练效果进行深入地分析,仅仅是就技术论技术,缺乏从青少年全面训练、协调能力训练等多视角进行系统地分析研究。

仅有的两篇中长跑项目心理训练研究分别为李相如等[25](1996)的"优秀中长跑运动员心理特征研究的综述"和周成林等[26](2000)的"辽宁省优秀女子中长跑运动员心理能力的研究",这也从另外一个侧面印证了前述我国学者王港提出的"我国女子长跑运动员心理素质培养与世界(如日本、韩国)相比存在一定差距"这一研究结论。

综上所述,有关长跑项目训练的研究主要集中在长跑项目的现状与发展趋势、训练方法和训练监控、运动损伤和疲劳恢复等方面,但是大部分研究存在重复性高、系统性不强、结论和建议过于宏观、理论和实践结合不够、参考资料范围较窄等诸多问题。有关长跑项目专项训练和技术训练、心理训练的研究较少,且研究视角单一、系统性不够。专门针对长跑项目青少年基础训练的研究更少,尤其是缺乏体现训练系统性和过程控制性的长跑项目的准备活动和整理活动的研究、协调能力的研究、技术与体能关系等研究内容。

2.1.3 运动成绩及项目定位的相关研究

运动成绩是一个项目发展水平的客观反映,但是长跑项目青少年运动成绩由于其所处基础训练阶段的特殊性,并非成绩越高越好、出成绩越早越好,因此,我们有必要查阅有关长跑项目运动成绩分析的研究资料,尤其是研究青少年阶段运动成绩的相关文献。此外,研究对象的选择往往还需要落实到一个具体的项目和有典型代表性的优势省份上,因此,我们还需要对研究长跑项目成绩及优势省份定位的文献进行研究的综述。

詹建国等[①]学者(2000)在"从27届奥运会透视国际田坛实力格局及我国田径运动训练的努力方向"的研究中指出,我国田径训练存在如下问题:非洲运动员的优势项目是中长跑,亚洲运动员实力较弱,占据优势项目较少,能够抗衡并夺金牌的主要是女子中长跑和竞走项目;女子中长跑等项目虽然有一定的突破,但对于已有的成绩和所获得的宝贵训练经验未能进行全面、深入的总结,无论是田径运动管理机构,还是教练员,都存在着思想观念落后的现象;封闭式的训练方法、运动员心理训练不足、训练科技含量及科学化水平低。针对这种现象,他提出了一些合理化建议:树立先进的思想观念,改革管理、训练、选拔、竞赛体制;注重训练方法手段的改进;加强后备人才培养;加强科技攻关力度;在全面提高田径运动整体水平的基础上,注重几个重点项目的突破研究。从专家的视点出发,可见我国田径优势项目之长跑项目的发展要在体制改革、后备人才选拔培养、训练观念和方法手段的更新等方面进行深入的理论研究,为我国长跑项目的科学化、可持续发展提供理论依据。

陈波、沈信生[②](2003)在"1991—2001年世界及中国田径成绩发展态势研究"中指出:中国田径大部分项目的成绩发展不稳定,起伏很大;全运会周期现象非常明显,全运会年和相邻年份的成绩比较差距较大;从总体上看中国田径各个项目的成绩与世界成绩相比还存在一定的差距,尤其是男子项目差距较大,女子项

[①] 詹建国等.从27届奥运会透视国际田坛实力格局及我国田径运动训练的努力方向[J].北京体育大学学报,2000(4):540—543.

[②] 陈波,沈信生.1990—2001年世界及中国田径成绩发展态势研究[J].北京体育大学学报,2003(4):560—562.

目好于男子项目。这和前面我们所分析的我国长跑项目成绩近几年起伏不定、女子成绩明显优于男子的局面是一致的。此外,全运会现象早已为我国学者关注,这在一定程度上说明我们的竞赛和管理体制存在一定的问题,有关竞赛和管理体制方面的研究也较多,我们将在下一部分进行综述,并在后续的论文主体中进行深入研究。

有关青少年田径运动成绩的研究不多,仅有刘六五[①](2003)的"中美少年田径锦标赛成绩的比较与分析",他在研究中指出:在男子19个项目中,我国运动员成绩明显占优的有14项;在女子17个项目中,我国运动员成绩明显占优的有7项;我国少年运动员的成绩比美国少年运动员有明显优势。但他又提出了自己的忧虑:我们应该清醒地审视我们的训练手段、方法及竞赛体制,使运动员在成年后能够在世界大赛上取得优异的运动成绩。任海[②]早在1991年的"对70年代初我国优秀少年田径运动员的调查及对其'早衰'原因的探讨"中指出:自70年代以来我国优秀的少年田径选手不断涌现,全国少年田径纪录一破再破,形成少年优秀选手人才辈出与成年优秀选手寥若星辰的鲜明对照,构成了我国田径运动这样一种奇怪的矛盾现象。徐本力[③](2001)也曾在其研究中指出:我国运动员少年儿童时期早期基础训练科学化问题,已成为制约我国早期基础训练的一个核心问题,必须尽快建立一个在多学科综合理论研究基础上的早期基础训练科学化理论体系。徐本力老先生有关我国运动员少年儿童时期早期基础训练科学化和系统化的一系列理论研究对长跑项目运动员青少年基础训练的研究具有重要的指导意义和参考价值。

针对我国运动员青少年时期基础训练阶段存在的"早期专项

---

① 刘六五等.中美少年田径锦标赛成绩的比较与分析[J].武汉体育学院学报,2003(1):80-84.

② 任海.对70年代初我国优秀少年田径运动员的调查及对其"早衰"原因的探讨[J].北京体育学院学报,1991(2):18-24.

③ 徐本立.早期训练科学化的提出及其系统化训练理论[J].山东体育学院学报,2001(2):1-6.

化"问题,我国学者陈小平[①](2008)指出:深入了解专项运动成绩在不同训练阶段的增长比例,是避免训练盲目性,防止青少年训练阶段"拔苗助长"的有效措施。由此可见,我国运动员青少年基础训练时期存在的诸多问题,这不仅要从体制、训练理论等根源上寻找原因,而且要加强对专项特征的认识和深入研究,使《中国青少年田径教学训练大纲》建立在有据可循、有章可依的科学基础上。

有关我国田径优势项目的研究较多,陈亮等[②](2007)和刘涛等[③](2007)的研究认为:女子中长跑、女子竞走、女子投掷和男子跳跃四大类项目为我国奥运会田径传统优势项目,男子110m栏、女子链球和男子竞走等项目为奥运会田径新兴潜优势项目;汪海燕等[④](2007)指出:备战第29届奥运会,中国田径应该在跨栏、竞走、女子中长跑、女子链球等项目上重点突破;王毅等[⑤](2008)在其研究中指出:田径运动管理中心确定的中国田径优势项目包括男子110m栏、男子20km竞走、男子50km竞走、女子20km竞走、女子链球和女子马拉松;田麦久[⑥](2007)认为:我国48个奥运会潜优势项目中的田径项目分别为男子110m栏和女子10000m。综合上述资料可见,我国田径优势项目应该为女子竞走、女子长跑、女子投掷、男子110m栏、男子跳跃等。

---

① 陈小平.竞技运动训练实践发展的理论思考[M].北京:北京体育大学出版社,2008:79.

② 陈亮等.我国奥运会田径优势项目实力分析及对策研究[J].浙江体育科学,2007(6):76—78.

③ 刘涛等.对我国奥运会田径优势项目竞技状况的分析[J].安徽体育科技,2007(4):12—14.

④ 汪海燕等.对我国田径运动现状及2008年奥运会优势项目分析[J].北京体育大学学报,2007(1):119—121.

⑤ 王毅等.中国田径优势项目竞争实力分析[J].中国体育科技,2008(4):32—34.

⑥ 田麦久等.论我国2008年奥运会潜优势项目的确定与超常规发展策略[J].北京体育大学学报,2007(12):1585—1592.

有关我国田径优势省份的研究较少。董广新等[①](1998)认为：男子中长跑开展的较为普及，特别是山东、辽宁、河南、内蒙古、甘肃、黑龙江等地。魏涛等[②](2006)在"我国南北方人在其田径优势项目上的差异及成因"的研究中认为：北方运动员在中长跑、马拉松、竞走、投掷等耐力性和力量型项目上具有明显的整体优势；中长跑项目的运动人才主要集中在北方地区的辽宁、山东、内蒙古等。刘波[③](2007)通过对十运会金牌的地域分析指出：十运会山东省男子获得5枚金牌，其中3枚是中长跑项目，尤其是3000m障碍赛获得金、银牌，5000m获得金、铜牌；山东省男子3000米障碍赛和女子长跑、云南男子长跑是其优势项目，在全国处于领先地位。刘涛等[④](2009)通过聚类分析对6届全运会成绩进行统计得出：男子中长跑的一类优势省份主要为山东、辽宁，二类优势省份为北京、河北、河南、云南、甘肃等；女子中长跑一类优势省份为辽宁，二类优势省份为山东。由此可见，山东、辽宁、甘肃、内蒙古、河南、云南等地的长跑项目具有较明显的优势，我们在对长跑项目具有典型优势的调研对象的确定中，还需要对近年成绩作进一步统计，以确定合适的、具有代表性的研究省份。

综上所述，通过对运动成绩和长跑项目定位研究的综述，我们可以看到我国田径优势项目应该为女子竞走、女子长跑、女子投掷、男子110m栏、男子跳跃等，而长跑项目优势省份分别为山东、辽宁、甘肃、内蒙古、河南、云南等地。我国长跑项目青少年基础训练存在的问题，需要从体制、后备人才选拔和培养、训练理论、训练观念和方法、手段等诸多方面寻找原因，我们将通过对我

---

① 董广新等．世界中长跑运动的现状与展望[J]．广州体育学院学报，1998(4)：80-86．

② 魏涛等．我国南北方人在其田径优势项目上的差异及成因[J]．江西金融职工大学学报，2006(11)：293-296．

③ 刘波等．我国各省市田径优势项目实力分析[J]．体育科技文献通报，2007(6)：41-43．

④ 刘涛等．中国竞技田径项目优势省份发展的影响因素分析[J]．南京体育学院学报，2009(2)：6-11．

国长跑项目典型代表性省份青少年基础训练的追踪调研,以及问卷调查等来进行女子长跑项目青少年基础训练问题的深入研究。

2.1.4 国际田联少儿田径运动的相关研究

田径运动是以走、跑、跳跃和投掷等运动技能组成的综合性竞赛,作为体育运动中最古老的项目,有"运动之母"的美称,它以47枚金牌作为奥运会金牌第一大户,其发展水平对各国竞技体育奖牌榜排位有着举足轻重的影响,故有人用"得田径者得天下"来形容田径运动的地位。因此,田径运动在各国的开展较为广泛,青少年田径运动的发展也受到了各国的广泛关注与重视。

潘前[1](2003)在其研究中指出:美国等竞技体育发达国家大部分运动项目后备力量的规模都极其庞大,如美国大学生运动员就有35万余人,中学生运动员650万余人。宋广林等[2](1996)指出:美国体育运动在中小学大为普及,大约有400万男少年和30万女少年参加25个项目的田径基础训练。虽然田径运动在国外竞技体育发达国家具有较好的普及与发展状况,但是,对于竞技体育发展中国家而言,因为田径运动项目的特殊性,其普及程度和发展状况并不尽如人意,如国家体育总局公布的2001年《中国群众体育现状调查报告》显示:中国体育人口排名前10位的运动项目中,属于田径运动项目的只有长走和跑步。

鉴于田径运动面临的普及性、商业化等种种危机,国际田联在2006年开始实施一项旨在针对学校和俱乐部的青少年田径项目活动,其目标是使田径成为学校里的第一大运动,并且为了辅助这个目标任务的成功实现,国际田联建立了专门机构。此外,针对少儿田径运动发展的需要,国际田联从兴趣性、生理学、训练

---

[1] 潘前.中美体育后备人才培养体制初探[J].西安体育学院学报,2003(3):23-25.

[2] 宋广林等.我国少儿田径基础训练存在的几个问题[J].山东体育科技,1996(2):8.

学等学科理论出发进行了一系列的理论研究,为少儿田径运动的普及和推广提供了理论上的依据。作为其战略发展的重要组成部分,国际田联建立了地区发展中心,其目的是在全球范围内更为广泛深入地发展田径运动。我国少儿田径运动的普及和推广工作是由1994年成立的国际田联北京地区发展中心承担的。

国际田联在"少儿选材注释"的研究中[1](2008)从选材的生理学原则出发,针对选材在伦理和社会层面、技术层面存在的局限性及其产生的后果,指出了选材的现代趋向和各国的选材系统现状;以足球和游泳为例,根据专项的需要从形态学、心理学、身体素质能力、生理能力、认知和战术能力、技术能力等方面进行了分析;指出了在选材中发挥重要作用的人体测量学、身体能力、生理能力、神经-肌肉能力、认知能力、心理能力、社会条件等因素;介绍了选材测验指标的确认和结果分析过程;提出了一些有关于各年龄组(项目组和13-15岁组)比赛的建议。

国际田联在"少年儿童运动素质敏感期"的研究[2]中(2009)指出,每个系统都有一个最大程度发育的专门时期,称为"敏感期"。研究中以图表的形式分别表示了年轻男女运动员的敏感期发育窗口,指出了技能、速度、力量、有氧能力等素质的"机会窗口";用不利、较少有利、有利、很有利四个级别,分别表述了6-15岁孩子们动作、区分方向、声光反应、方向感、节奏、平衡、情感和认知等能力的敏感期;用不是很有效、有效、很有效三个训练效率级别,分别表述了定向、区分、平衡、反应、节奏、耐力、力量、速度、灵活等身体素质发展和训练的敏感期,为教练员准备训练内容和比赛形式提供了依据。

国际田联在"青少年与训练"[3]研究中(2009)的一些内容为我们提供了正确的训练理念和思路:教练员要考虑青少年生长发育

---

[1] 张英波译. 少儿选材注释[J]. IAAF RDC-Beijing Bulletin,2008(2):85-92.

[2] 宋玉梅,李铁录译. 少年儿童运动素质敏感期[J]. IAAF RDC-Beijing Bulletin,2009(2):70-76.

[3] 张英波译. 青少年与训练[J]. IAAF RDC-Beijing Bulletin,2009(2):89-92.

阶段而不是年龄;要考虑青少年身体形态的变化会怎样影响运动成绩;帮助青少年了解他们体内发生的变化;根据青少年生长发育水平而不是出生年龄确定成绩标准;根据生长发育水平并借助于身高和体重指标给青少年分组;鼓励所有的运动员学习技能;晚熟者可能在将来非常成功和出色,在生长发育高峰期间,不要采用使骨的生长部位过分受力的练习;在青年期以前避免负重练习;就决定孩子们技能学习的成熟、经验、教法、任务等因素进行了详细分析,提出了大环节动作先于小环节动作、动作任务从简到繁等组织练习的一些原则;给出了教练员一些提示,如应该在孩子们能力所及的范围内安排练习、鼓励孩子们去体验多种多样的动作、教练过程简单化、不要在短时间内期待过多、在发展专项技能之前先发展基本动作方式、需要孩子们思考的内容不要安排过多、帮助孩子们对他们的水平做出自我评价、运用简单易懂的语言、给予积极正面的信息反馈等。

此外,国际田联在 2007 年批准通过了五级教练员培训和认证新系统[①],其目标是:结合传统的教练员培训和认证系统与现有的国际田联少儿及青少年田径发展计划和国际田联田径学院组成一个综合的系统;提高教练员的能力,实行国际田联少儿田径训练和比赛计划,能够"牵手引导"儿童们实现向真正的田径青少年运动员(13-15 岁)的过渡提供一个注重能力导向而不是以知识为基础的方案等。

在上述理论研究的基础上,国际田联在各国组织开展了少儿田径的一些实践工作[②],如将少儿田径运动分为 8-9 岁、10-11 岁、12-13 岁三个年龄组,所有比赛均为团体赛,各年龄组分别参与规定的跑、跳跃、投掷项目,其中,跑的项目包括短跑/跨栏、短跑/障碍滑雪、一级方程式、耐力跑,跳跃项目包括撑杆跳高、跳

---

① 朱祥林,孙南译. 满足田径教练员和运动员现在和未来的需要:国际田联教练员培训和认证的五级新系统[J]. IAAF RDC-Beijing Bulletin,2008(2):8-16.

② IAAF kids' Athletics a practical guide 2006,http://www.iaaf.org/development/kids/index.html.

绳、蛙跳、三级跳、台阶跑,投掷项目包括投掷目标、少儿标枪投掷、屈膝投掷、后抛式投掷、旋转式投掷。这些项目融合了激发孩子们参与活动的各种要素,是一种运动过程能够带来愉快的新颖刺激性竞技运动,其多变的运动任务能够实现项目的内容目标,如促进健康、社会互动、团队合作等。

综上所述,国际田联为了促进少儿田径运动的推广和青少年发展计划的实施,进行了一些有针对性的理论研究,如敏感期理论、选材依据理论等,并在此基础上进行了少儿田径运动的一系列推广活动。国际田联少儿田径运动的理论和实践内容,对我们进行女子长跑项目青少年基础训练阶段的研究有着重要的参考价值。

2.1.5 基础训练的研究

通过查阅国内有关基础训练的文献,发现其中有关田径基础训练,以及长跑项目基础训练的研究较多。另外,从文献年代来看,我国学者在20世纪90年代就对青少年基础训练进行了较为全面的研究,之后在此基础上,专家学者又对青少年基础训练的问题进行了更为深入的探讨,基本上形成了较为确定和系统的观点。

早在1995年我国学者陈效范[27]就提出了田径基础训练的重要性,并进行了较为系统的研究。他提出"凡是基础训练好的运动员,到成年后能快速达到较高运动水平,专项成绩稳步提高,运动寿命也较长,有的一直可延续二十几年,因此,必须对青少年、儿童进行科学、系统的基础训练;我国青少年田径训练中,存在急于求成、训练强度过大、专项上得很早、训练手段和内容很窄、单调的模仿成年人的训练方法等问题,成为阻碍我国田径水平进一步提高的障碍"。

陈效范[27]对田径基础训练的定义是"指运动员在进行专项训练之前,先进行一段时间的系统的全面身体训练和基础体力训练,同时结合进行基本技术、心理和智力训练,使他们既能健康成长又能具备基础的体能和技能,为将来攀登运动成绩高峰从小打下坚实的基础"。他将田径基础训练时期划分为6—9岁、10—12岁和13—14岁三个阶段,并提出了各个阶段的主要训练任务、内容、目的(表4),并较为详细地分析了基础训练的年龄特点和依据,以及基础训练的生物学原理。此外,他还提出了基础训练中应该注意的问题,如应把发展体力作为基础训练的主要任务、重视基础训练中的教学因素、应采用大量游戏和一般性训练手段。

我国学者宋广林[28](1996)在"我国少儿田径基础训练存在的几个问题"中也进行了较为深入的研究,他认为"我国少儿田径基础训练存在的问题有:教练员指导思想不明确、训练缺乏系统化;急功近利、拔苗助长;少儿田径竞赛制度、项目设置、奖励制度不完善且不合理;忽视技术教学、专项化训练过早;缺乏医务监督,忽视心理训练和恢复训练等"。针对我国少儿田径基础训练存在的问题,宋广林提出了如下对策,如取消不必要的少儿田径单项比赛、制定多项训练计划、制定少年儿童多年训练大纲、改变考核内容,以学生的基本技术、身体发育、运动素质是否达到大纲规定的要求以及向上一级运动队输送了多少优秀人才为评价标准,抓好规范化技术教学等。

表4 田径基础训练阶段划分及任务表

阶段(岁)	训练任务	训练内容	训练目的
6—9	促进身体健康成长	活动性游戏	促进身体发育
10—12	全面身体发展	一般身体练习;田径游戏;跑、跳、投基本技术	培养兴趣;发展速度、灵敏、协调等素质;打好体力和技术基础
13—14	逐步过渡到运动定向	多项全能训练	建立起身体素质综合基础,掌握和储备大量运动技能,逐步进入运动定向,为向专项训练过渡创造条件

在宋广林的研究中,还对德国、苏联、美国、罗马尼亚等国家的少儿田径训练情况进行了较为详细的论述,对我们进行长跑项目青少年基础训练研究有很大的启发,他提出[28]"德国从1973年开始停止举办全国中学生运动会,而改为全能项目的全国青少年运动会,18岁之前主要进行全能训练;苏联在男、女少年中分别开展了十项和七项全能运动,项目与成年人基本相同,但难度要求相对低一些,器械重量较轻;美国开展基础训练的主体是中小学生,大约有400万男少年和30万女少年参加25个项目的田径基础训练,他们把中小学生的体育训练作为培养奥运会选手的初级阶段;而在罗马尼亚,男、女少年运动员在14岁前均不允许参加任何单项比赛,只进行少年多项训练和少年全能训练;古巴、波兰、日本等国也都制订有少儿田径运动员的多年训练计划"。

我国学者王保成[29][30](2003)在"少年儿童田径运动训练特点"的研究中,提出"世界各国少年儿童多年教学体系中包含的基础训练阶段又称为预备训练阶段或定向训练阶段,我国体育主管部门将少年儿童田径比赛分为儿童组、少年乙组、少年甲组,同时颁布的《田径训练大纲》将少年儿童时期的田径教学训练分为三个阶段,并提出了各阶段的具体任务和注意事项"(表5)。

表5 少年儿童田径运动教学训练阶段划分及任务表

阶 段	年龄	比赛组别	任 务	注意事项
准备教学训练阶段	8—12岁	儿童组	培养兴趣,促进发育,全面学习和掌握各类运动技能和运动技术	手段多样性、节奏和用力顺序性等
基础教学训练阶段	13—15岁	少年乙组	全面发展身体素质,掌握多种运动技能和多项田径技术	区别对待、女子运动员经期训练
初级专项训练阶段	16—17岁	少年甲组	巩固和熟练专项基本技术和完整技术,提高专项能力,形成副项	加大负荷、有计划发展力量素质

(依 王保成,2003,摘录整理)

专门针对中长跑项目的研究也较多。王林[31]（2003）的"如何安排青少年中长跑的年、周、日训练计划"中的青少年中长跑运动员的年度周期安排、13—15岁运动员4周训练负荷量计划、中长跑周训练模式、准备和比赛阶段计划等，对我们进行长跑项目运动员青少年基础训练的研究具有重要的参考价值。此外，刘波[32]（2001）的"夏丰远、窦兆波的基础训练"和林同庚[33]（2001）的"基础训练是运动员成才的必由之路——赵存林的成长过程"等个案研究，也从实践角度向我们展示了基础训练的重要性及训练过程中的注意事项。

综上所述，在我国田径基础训练和长跑项目基础训练的研究中，很多观点是学者们多年来早就公认并有较为一致看法的，如我国青少年田径基础训练中存在的种种问题、训练中应该注意的问题、竞赛体制的改革等；在全国青少年奥运项目教学训练中长跑项目的大纲中明确、详细的规定了基础训练阶段的训练任务和要求、专项成绩和素质的指标、训练的负荷和基本要求、技术要点和各年龄段要求、各年龄段竞赛安排与要求、中长跑训练手段等内容。但是，为何多年来仅限于理论上的争论和探讨？在训练实践中的改革为何举步维艰？这需要我们在长跑项目青少年基础训练的研究中作进一步的深入探索。另外，从现有研究的内容来看，绝大部分研究属于理论研究，或者是调查研究，与实证结合的研究并不多见；学者们关于基础训练的阶段划分还存在分歧。因此，我们将在诸多学者的研究基础上，通过对我国青少年女子长跑运动员基础训练的调查和实证研究，探寻制约其发展的问题所在，并提出合理化建议，为我国女子长跑项目的科学化和可持续发展提供理论依据。

2.1.6 中长跑体能训练中的几种关系研究

体能中的素质由力量、速度、耐力、灵敏、柔韧等五项构成，其中，力量是决定竞技体育运动成绩的重要体能要素，也是评定身体训练水平的最重要指标。力量素质是指人的身体或身体某些部分用力的能力或指肌肉在人体运动活动中克服内部和外部阻力的能力。力量素质根据不同的分类指标准分为不同的类型,如按训练学特征可划分为最大力量、快速力量、力量耐力、反应力量。

力量与其他身体素质有着密切的关系,是各项素质的基础,是取得优异运动成绩的关键。国内外训练学界对力量训练研究给予了高度的重视,如德国国家级力量专门研究机构"联邦力量研究所",美国 AP 体能训练中心,以及王卫星、陈小平、张英波、王保成等训练学界专家学者对力量训练进行的深入研究。因此,对力量素质理论和实践研究的深化和完善,展开力量素质之间及其与其他素质之间的关系研究,如最大力量与快速力量训练、力量训练与耐力训练、核心力量与传统力量训练等,使中长跑体能训练更加科学、客观、实用,是我国竞技体育可持续发展的重要保障。

2.1.6.1 最大力量与快速力量训练的关系

2.1.6.1.1 最大力量

最大力量指肌肉克服极限负荷的能力,分为静力性最大力量和动力性最大力量。通常用肌肉克服极限阻力过程中所表现出来的最高力值度量。最大力量取决于传入肌肉的神经冲动的强度和频率,取决于肌肉收缩的内协调能力和关节角度的变化(骨杠杆的机械效率)。运动员的最大力量水平受多方面因素制约,主要有年龄、性别、训练水平、科学的训练方法、肌肉生理横截面、神经支配调节功能、肌纤维类型、骨杠杆的机械效率、缺氧及肌肉工作时的供能状况、紫外线照射、钾钠代谢、外界刺激条件、心理因素和生物节律等,其中科学的训练方法是运动员获得最大力量的主要决定因素。

联邦德国比勒等人对发展最大力量的各类练习的负荷特征

做了归纳比较(表6),发现了发展最大力量的不同肌肉收缩方式的负荷特征,其主要途径有两种:一种途径是通过增大肌肉生理横断面,增加收缩力量;另一种途径则是依靠改善肌肉的内协调和肌肉间协调来增加力量。刘骞(2007)研究表明,除了肌肉生理横截面积,血睾酮水平和血皮脂醇水平等与运动员最大力量水平发展关系密切。最大力量发展的敏感期、发挥肌肉潜力的能力与技术等因素对发展最大力量水平具有重要作用。

表6 发展最大力量的不同肌肉收缩方法的负荷特征

收缩方法	负荷强度	重复次数	练习组数	负荷持续时间/s	组间间歇/min
次极限收缩	90%—100%	1—3	1—5	—	3—5
最大等张收缩	100%	1	5		3—5
最大等长收缩	100%	2	5	5—6	3
最大离心收缩	≈150%	5	3		3
最大离心—向心收缩	70%—90%	6—8	3—5	—	5

另外,发展运动员的最大力量时,既要使肌肉张力达到最大限度,又要使肌肉受到足够量的刺激。这样,负荷刺激的结果将迫使更多的运动单位参加工作。从这个角度来说,发展最大力量的主要途径有:加大肌肉横断面;增加肌肉中磷酸肌酸(CP)的储备量,以加快工作中ATP的合成速度;提高肌肉间及肌纤维之间的协调性;改进和完善运动技巧。

发展运动员最大力量的方法有静力性力量训练法、动力性力量训练法和电刺激法等。动力性力量训练法包括重复法、强度法、极限强度法、极端用力法和退让训练法等。此外,运动员最大力量水平与训练中各种肌肉收缩方法所占比例高度相关(表6)。

2.1.6.1.2 快速力量

快速力量指肌肉在短时间内尽快发挥强大力量的能力。快速力量水平取决于肌肉的收缩速度和最大力量,可用快速力量指数表示。快速力量是速度和力量相结合的一种特殊力量素质,具有力量与速度的综合特征。在完成技术动作时,运动员所用的力量越大,速度越快,则表现出的快速力量就越大。根据苏联柴奥斯基(Zatsiorsky)的研究,快速力量取决于肌肉的募集能力(最大力量)、神经冲动频率、肌肉或肌群之间的配合(协调性)等三个主要因素。

反应力量(Reactive force)是快速力量的一种,又称为超等长练习,是指肌肉在先做离心式拉长,然后做向心式收缩时利用弹性能量在肌肉中的储存与再释放以及神经反射性调节所爆发出的力量。大量研究已经证明,反应力量主要发生在运动技术的关键环节,对许多运动项目,尤其是一些速度力量性项目的运动成绩具有重要的影响。

决定快速力量的生理学因素主要有:高频率的刺激、肌肉内协调及肌肉间协调性、运动中枢同步调节能力、Ⅱ型肌纤维的百分组成面积和磷酸原系统供能能力。影响快速力量的训练学因素主要包括训练负荷、重复次数和练习组数、间歇时间与间歇方式等,快速力量训练方法的合理组合,将直接影响快速力量增长的效果。

然而,德国著名力量研究专家布勒(Buhrle)在20世纪80年代中期就提出了属于快速力量范畴的"启动力量"的概念,将30ms内产生的力量(最大力值)作为评价运动员启动力量优劣的标准。随后,莱奈尔兹(Lejinertz)将快速力量进一步分为"启动"和"结束"两种类型。他认为在许多同样是以快速力量为主的运动项目中,一些项目要求运动员在最短的时间内达到最大的值(如短跑的起跑和跳跃的起跳动作),而另一些项目则要求在技术动作结束时获得最大的力值(如田径的投掷和棒球的击球等),高的启动力量并不一定必然导致良好的结束力量。也就是说,快速力量仍然存在不同的表现形式。同时,莱奈尔兹还提出了快速力量的最佳时间问题,认为,对一些项目来说,快速力量的表现形式并不是越快越好,而应在一定的"时间"内完成,如游泳、赛艇等项目。

快速力量提高的先决条件是最大力量的增长,进行快速力量训练时,影响速度力量的主要因素是最大力量,而提高最大力量的目的是尽可能加快动作速度。因此,要根据专项动作的特点来确定发展最大力量的训练计划。虽然提高最大力量是发展速度力量的一个重要方面,但并不是训练的最终目的,所以应在发展最大力量的基础上提高速度水平。

在快速力量训练中,要处理好动作力量与速度的比例关系,并使之能与专项动作的具体要求相一致。发展快速力量的最重要问题是找到力量与速度的最佳比例关系,并进行科学、合理的训练,只有这样,才能转化为最有效的速度力量。

快速力量训练中,要注意与专项技术结合。快速力量训练中要与专项动作的具体要求相一致,无论是保持同一动作速度的角度不变增加力量,还是保持负荷不变提高动作速度,或是同时增大负荷和提高速度来发展快速力量,都要解决好练习负荷与动作速度的最佳优化组合关系。

综上所述,快速力量分为启动力量、爆发力量和制动力量,反应力量与快速力量是一种并列关系。快速力量的提高与最大力量关系密切,但并不是越大越好、越快越好,而是有一定的"发力时序"和"时间序列"要求,应该处理好速度和力量的比例关系,并且与专项动作、专项技术的具体要求相一致。

2.1.6.1.3 最大力量与快速力量

臧秋华(2005)提出:"肌肉在不同收缩形式和收缩速度下,肌肉力量的组成以及各组成成分之间既相互区别又相互联系,形成一个连续统一体,该理论称为肌肉力量连续统一体理论。"

肌肉力量连续统一体理论的表现形式可以用如下两种方式来描述:一种方式是主动张力和被动张力与肌力表现形式的关系(图1),即在最大力量、快速力量、力量耐力和反应力量中,被动张力的张力构成比依次增大,而主动张力的张力构成比依次减小,在不同的肌力表现形式下,主动张力和被动张力的张力构成比发生了变化；另一种方式是主动张力和被动张力与肌肉收缩形式的关系，即在向心收缩、等长收缩、离心收缩和超等长收缩中，主动张力和被动张力的张力构成比发生了变化，并且这种变化完全符合上述主动张力和被动张力产生的神经生理机制。上述的两种方式在运动实践中，主动张力和被动张力的关系都不是孤立的点式对应关系，而是随肌肉的不同运动方式而变化，正因为如此，它也是肌肉力量连续统一体理论的具体体现。

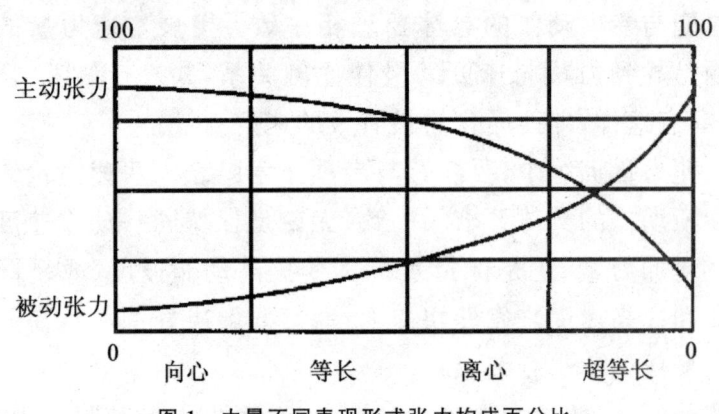

图1 力量不同表现形式张力构成百分比

从臧秋华的肌肉力量连续统一体理论来看，最大力量和快速力量的关系都不是孤立的点式对应关系，而是随肌肉的不同运动方式而变化，在训练中也应该考虑到它们之间的联系和相互作用。

当前，我国许多项目在快速力量的训练上仍然存在很多问题。其中，最突出的问题是过于强调肌肉横断面积对快速力量的影响，而忽视神经冲动频率和协调能力对快速力量的作用。一些教练员认为肌肉横断面与快速力量在训练的整个过程中均为线性增长关系，试图通过最大力量的增长改善快速力量。

另外，我国青少年在具体训练中也存在较多问题。例如，在力量训练中片面注重大肌群的发展，忽视小肌群的训练，注重单一肌肉或肌群的发展，而忽视肌肉和肌群之间协调的训练。其结果导致神经系统对肌肉运动的支配能力不能同步发展，神经—肌肉系统发展不均衡，给未来的持续性发展造成隐患。根据苏联柴商斯基(Zatsiorsky)的研究,快速力量取决于肌肉的募集能力(最大力量)、神经冲动频率、肌肉或肌群之间的配合(协调性)等三个主要因素。如此正说明,在我国青少年运动员训练中,存在过度强调通过最大力量的提高来提高运动员的专项快速力量,而忽视了青少年运动员的神经支配能力训练的问题。

然而,最大力量对快速力量的影响是有条件的。一般来说,在青少年训练阶段快速力量会伴随着最大力量的增长而提高,但在高水平训练阶段快速力量则能够在最大力量不增长的情况下单独得到改善。同时,最大力量的增长有时也并不一定能够带来快速力量的提高。

根据Ishida等人的研究,8周的训练使无训练史受试者腓肠肌的最大力量增长了34%,但肌肉的收缩速度并没有相应提高,其原因在于训练的强度较低,没有优先发展IIb型快肌纤维。高水平运动员快速力量的提高主要取决于单位时间内募集能力的提高和参与工作肌肉(肌群)之间协调配合能力的改善。

此外,图2向我们展示了2名优秀运动员的"力量—时间曲线",可见运动员A的最大力量明显低于B,但是,其力值单位时间的上升速度却明显优于B,这说明,A的速度力量素质好于B。德国梅斯特(Messter)等人对3名优秀女子跳高运动员长达1年的追踪研究结果表明,通过专门的训练,高水平运动员的起跳能力在最大力量未改变的情况下得到了显著的提高,同时,专项成绩也获得了相应的增长。

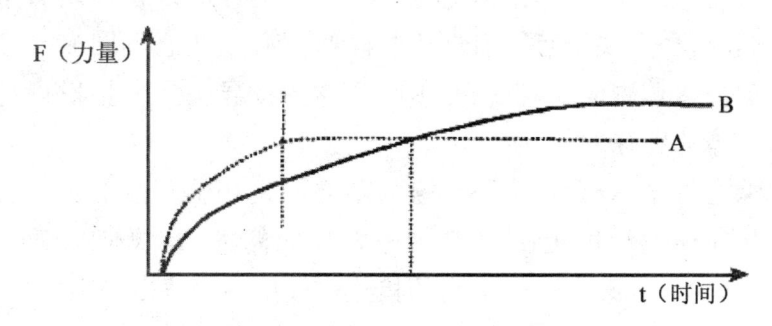

图2 不同力量类型运动员的力量—时间曲线示意图

陈小平(2004)的研究也表明,反应力量通过专门训练可以得到提高。但是,反应力量,尤其是一些对反应力量最具影响的神经—肌肉指标,极易形成"动力定型",并且在以后的训练中难以改变。

因此,现代力量训练更加强调低负重、少次数和快速度的训练,加大了克服自身体重的力量练习比例(如各种跳跃练习),要求运动员练习时注意大肌群与小肌群、主动肌与对抗肌以及异侧同名肌的协调工作,以此增强神经对肌肉的快速调动能力。

Tidow 关于"不同类型肌纤维跳深时募集的时间特征模型"的研究认为,踏跳时间为 60－80 ms 时 IIb 型快肌被 100% 募集,IIa 型为 100－120 ms,慢肌 I 的募集时间为 140－180 ms。该研究成果说明,在负重相同的情况下,动作的完成速度就成为决定力量发展方向的主要影响因素。肌肉的收缩速度决定了不同类型肌纤维被募集的数量,快速的练习可以使所有的快肌单位得到训练,而速度较低的练习将同时发展包括快肌和慢肌都在内的整个肌肉力量。

运动神经在力量产生的过程中具有主导和支配作用,是决定包括最大力量、快速力量、反应力量和力量耐力等所有力量水平的基础和关键。在力量训练中,特别是在优秀运动员的力量训练中,应该加强对神经支配能力的训练,在不增加或少增加肌肉横断面的前提下发展最大力量,通过加快快肌运动单位的募集速度提高快速力量和反应力量,通过肌肉协调能力的改善提高力量耐力。同时,在重视神经能力训练的同时还必须注意不同专项和不同运动员的具体情况,根据专项和个体的差异确定力量发展的方向和具体的训练方法。

综上所述,最大力量与快速力量之间是相辅相成的关系。最大力量在很大程度上决定着快速力量的能力,是快速力量的基础,而最大力量又由一个很高的快速收缩能力来确定。

最大力量和快速力量在发展时间上存在一定的时序关系,并不是单纯的线性关系。在低、中级训练阶段,最大力量是专项快速力量的重要基础,通过最大力量的提高能够有效提高运动员的快速力量水平,但过度强调通过最大力量的训练来提高运动员的快速力量水平,则可能会造成青少年运动员肌肉横截面积增大失调,形成"长程式"发力习惯的不良后果。但是,当运动员进入高水平训练阶段后,专项快速力量与最大力量的关系也随之发生变化,并非依然成比例发展,一些运动员可以在最大力量不提高的情况下使专项快速力量得到优先发展,这是由于最大力量并非是决定快速力量的唯一因素。所以,优秀运动员的快速力量水平有时并不完全与最大力量呈线性关系,尤其是优秀运动员最大力量水平已经接近个人最大潜力,并处于运动训练保持阶段时。

力量训练对神经和肌肉具有不同的训练效果,有些训练方法着重训练神经系统,而有些训练则偏向于对肌肉的影响。神经与肌肉系统对不同的训练刺激产生不同的反应,长期系统的训练可以导致神经和肌肉系统在形态和功能上发生相应的"适应",形成特定的"神经－肌肉"类型。

特别是被称作"中间型"的 IIa 和 IIc 快肌纤维对力量训练方式具有敏感的适应性,它们缩的速度和耐力通过长期的训练可以得到改变,出现慢肌的特征或向 IIb 型块肌的方向发展。肌纤维这一双向"可塑性"对力量训练提出了更高的要求。

因此,青少年中长跑运动员的快速力量训练中,应该在最大力量提高的基础上,重视神经肌肉控制能力的提高,注意大肌群与小肌群、主动肌与对抗肌以及异侧同名肌的协调工作。还应当结合少儿的生理特点重视反应力量的训练,优先发展肌肉的收缩速度,建立"短程式"的"拉长—缩短—周期",使快速力量和反应力量得到进一步的发展。

在优秀中长跑的力量训练中,应该加强对神经支配能力的训练,在不增加或少增加肌肉横断面的前提下发展最大力量,通过加快快肌运动单位的募集速度提高快速力量和反应力量,通过肌肉协调能力的改善提高力量耐力。同时,在重视神经能力训练的同时还必须注意不同专项和不同运动员的具体情况,根据专项和个体的差异确定力量发展的方向和具体的训练方法。在重视优秀运动员应该在最大力量保持的基础上,重视神经支配能力的训练。

2.1.6.2　力量训练与耐力训练的关系

2.1.6.2.1　力量训练

当前,力量训练受到前所未有的关注。人们认识到改善神经—肌肉系统的功能,增强肌肉收缩时产生的力量是提高运动成绩最直接和有效的途径。因此,几乎所有的竞技体育项目,无论是以力量为依托的体能类项目,还是以技术和灵巧为主的非体能类项目,以及那些以技、战术配合为特点的集体项目的教练员,均加大了对力量训练的重视程度。

力量分类的细化是当代力量训练的特点之一,它促使力量训练在任务、方法、要求和检测等方面的日趋细化。根据不同运动项目对力量素质的需求,训练理论大多将力量素质分为:最大力量、快速力量、力量耐力和反应力量。然而,近年来力量训练的研究成果表明,力量素质在运动实践中的表现并不仅仅局限在该结构的层次上,而是应该更为细化(图3)。

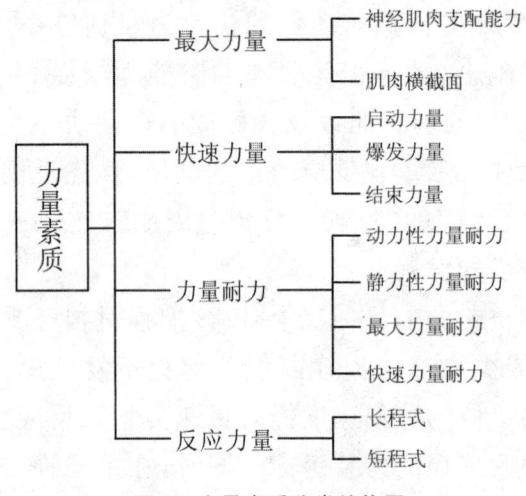

```
                    ┌── 最大力量 ──┬── 神经肌肉支配能力
                    │              └── 肌肉横截面
                    │              ┌── 启动力量
                    ├── 快速力量 ──┼── 爆发力量
  力量素质 ─────────┤              └── 结束力量
                    │              ┌── 动力性力量耐力
                    │              ├── 静力性力量耐力
                    ├── 力量耐力 ──┤
                    │              ├── 最大力量耐力
                    │              └── 快速力量耐力
                    │              ┌── 长程式
                    └── 反应力量 ──┤
                                   └── 短程式
```

图3　力量素质分类结构图

2 文献综述

专项力量的训练是当代力量训练的核心。专项技术与力量训练的密切结合是有效提高专项力量水平的重要途径。发展专项力量不仅应采用负重的专项技术练习，而且更重要的是改进"力量房"的训练，使其在练习形式、负荷和力度上尽可能接近专项。

应当注意到，"专项力量"的训练并不是在负重情况下对专项技术的简单模仿。负重的专项技术练习只能在练习的形式上与专项一致，而不能在运动速度、肌肉的协调用力等方面真正满足专项的要求。

杠铃力量训练尽管不能精确地发展专项力量，但是可以帮助运动员建立专项最需要的力量结构，使力量素质向专项所需要的方向发展。

如何将"杠铃房"的负重抗阻训练与专项结合，使神经－肌肉系统通过"负重抗阻训练"形成专项技术需要的力量体系已成为所有运动项目在力量训练中最关注的问题。根据专项力量训练的原则，"杠铃房"的力量训练应从练习方式和负荷两个方面解决"专项化"的问题。

2.1.6.2.2 耐力训练

陈小平（2004）研究指出："耐力"是我国运动员普遍欠缺的素质，是造成我国体能类运动项目长期落后于世界水平的主要原因。忽视有氧训练，过于强调以提高运动员"乳酸耐受能力"为目标的高强度无氧训练是我国大部分耐力项目训练中普遍存在的问题。他认为，回顾多年的训练历程，"耐力"并不是一个新问题，仅通过具体训练方法、手段的改变已经不可能从根本上解决问题，应将注意力集中到宏观训练思路和理念方面，反思并审视对"耐力训练"的理解和认识。

长期的训练实践表明，主攻无氧代谢能力的训练并没有给我国体能类运动项目带来希望和转机，大部分项目仍长期徘徊不前，与世界水平存在相当大的差距。目前，以发展无氧能力为主的"耐力"训练会带来一些问题。

第一,以无氧练习内容为主的训练增加了训练的平均强度,导致训练量的降低。忽视有氧训练的直接后果是对运动员耐力基础的影响,机体运动时氧的储备、运输和利用系统均会由于有氧训练量的不足而无法得到有效发展。当有氧能力这一决定运动员耐力水平的基础能力没有得到应有的重视和发展时,影响的就不仅是有氧能力的本身,同时,也制约了运动员无氧能力水平的提高。

第二,高强度训练对运动员机体的刺激加大。对于成年高水平运动员来说,大量的无氧训练会加重机体各器官系统的工作负荷,延长恢复时间,如果运用不当很容易造成过度训练和损伤。对于青少年运动员来说,高强度训练极易造成过早专项化,提前出现"速度障碍",影响运动寿命。

第三,高平均训练强度非但没有提高专项耐力,反而破坏了训练的节奏。据调查,我国许多体能类项目非常注重有氧—无氧阈和有氧—无氧阈值以上强度的训练。这就导致训练强度的波动区间窄小,不仅有氧强度的训练较少,而且无法保证高强度训练的质量。频繁的中、高强度刺激使运动员长期处于疲劳状态并得不到恢复,运动员在训练和比赛中缺乏"兴奋点",经常表现出"慢不下来,快不上去"的现象。

长期以来,运用什么样的训练强度能够有效提高运动员的耐力水平一直是一个具有较大争议的问题。在耐力训练上,运动训练界存在三种模式(图4):一种是强调运用有氧—无氧阈强度(血乳酸值 2~4 mmol/L)的训练模式,被称为"乳酸阈模式(Lactate Threshold Training Model)"。一种是强调避开有氧—无氧阈区域,大部分训练强度集中在低强度区域(血乳酸<2 mmol/L),同时,少部分训练集中在无氧阈值以上的训练,被称作"两极化模式(Polarized Training Model)"。三是强调训练强度由下至上有比例地逐渐减少,被称作"金字塔模式(Pyramid Training Model)"。"金字塔模式"和"两极化模式"在目前世界大多数耐力项目的训

练中占据主导地位。

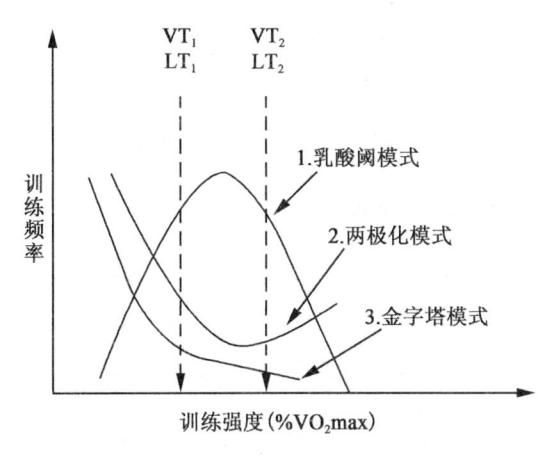

图 4　耐力训练负荷强度模式图

研究结果表明,"乳酸阈模式"和"两极化模式"建立在不同的研究对象基础之上,它们在训练实践中的适用范围不同。对于无训练者或训练水平低的运动员来说,运用"乳酸阈模式"可以有效提高耐力水平,而对于高水平运动员来说,"两极化模式"也许可以取得更好的训练效果。

2.1.6.2.3　力量训练与耐力训练

加强力量训练能够克服有氧训练强度低、不利于快肌发展的缺点,技术训练与有氧训练的融合既利用了有氧训练适宜的强度条件,又缓解了量大且强度低的有氧训练对运动员造成的单调、枯燥的负面影响。

从另外一方面来讲,有氧训练的缺点也是显而易见的。从适应理论的角度分析,参与有氧训练的主要肌肉是慢肌纤维,有氧训练比例的增加势必会造成对快肌纤维刺激的减少,进而影响运动员最大力量和快速力量的增长。运动训练可以导致不同肌纤维功能的转变(图 5),这种变化主要发生在快肌向慢肌的转变。为此,如何解决有氧负荷下快肌的训练问题成为增加有氧训练比例的关键。

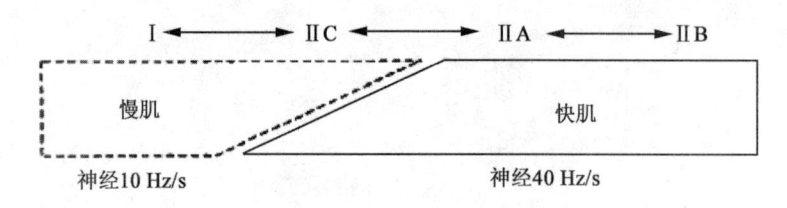

图 5　不同肌纤维类型之间的关系示意图

力量训练向周期耐力项目的拓展是当代力量训练的另外一个重要特点。近年来，力量训练在周期耐力项目的训练中备受关注，一些典型的周期性耐力项目，如自行车、赛艇、皮划艇、速滑和游泳，均不同程度地加强了力量训练。力量在这些通常以"耐力素质"为主的项目中扮演着越来越重要的角色。

有氧训练在所有周期耐力项目的训练中占有重要位置。然而，以时间长、强度低和节奏慢为特点的"有氧训练"对神经—肌肉系统，特别是对快肌纤维的刺激较小，训练强度较低且不利于力量的发展。有氧训练的这些问题在相当长的时间里一直没有得到很好的解决，导致许多耐力项目的训练重点转而投向大强度的无氧代谢能力的训练。

周期耐力项目训练的一个凸显点集中在更加重视力量的训练。人们试图通过力量素质的改善提高运动员在有氧强度训练时每一个周期动作的效果，以期克服传统有氧训练强度低的缺点和达到提高有氧训练质量的目的。目前，这种以力量训练为切入点，注重提高每一动作效果的长距离有氧训练在多个周期耐力项目的训练中呈大幅度增长趋势。

有氧训练本身就是培养运动员正确运动技术的重要手段，在该训练强度下运动员可以充分感觉和体会技术的细节。同时，由于在有氧训练中强化了"时间"的要求，运动员不仅要加强每一单周期动作的"力量"，而且还必须注意动作与动作之间的"衔接"和在用力过程中参与运动肌肉、肌群之间的协调配合。

显然，这一突出力量和用力技术的有氧训练既促进了运动员有氧能力的发展，又从动作的"实效性"和"经济性"两个方面对专项成绩的提高形成了强有力的支持。

陈方灿研究认为,力量增长对耐力的作用还包括:改善血液循环、肌纤维的激活方式和提高运动效率。

因此,在周期耐力运动项目的训练中,力量的作用已突破传统的意义,被视为增加有氧训练比例,兼顾能量供应和神经—肌肉系统,衔接有氧与无氧能力的"媒介"。

力量、技术向有氧训练的大幅度渗透是当前周期性耐力项目训练的另外一个重要特点和趋势。目前,周期性耐力项目训练中存在的问题主要是对运动时机体有氧与无氧代谢的关系缺乏正确的认识,没有将有氧和无氧代谢过程作为一个整体进行分析。

特别是短距离耐力项目,应突出"速度"的训练,而没有将"耐力"素质的发展放到应有的位置。这种训练理念导致我国中、短距离耐力运动员在"最大力量"和"快速力量"等与速度素质关系密切的能力上投入较大,忽视了速度的保持能力,"速度"与"耐力"的脱节造成这些运动员在比赛中前程普遍优于后程,虽然拥有突出的启动和加速能力,但不能将优势保持到最后。

运动时,肌酸—磷酸、无氧乳酸和有氧等三个供能途径是一个有机整体,对于耐力运动员,尤其是中、长距离项目运动员来说,将有氧能力作为训练的重点,发展的不仅是有氧能力本身,而且对无氧能力也起到了重要的支持作用,良好的有氧能力可以推迟和延缓乳酸的出现和升高,从而支持无氧代谢能力的进一步提高。

近年来,"有氧训练"出现了较大的变化,最为突出的是在有氧训练中融合了技术和力量的内容和要求,强调了"耐力"与"技术"、"耐力"与"力量"的结合。人们认识到,低强度的对技术动作缺乏要求的"有氧训练"对运动员的专项成绩不具有直接的支持作用,特别是对一些中、短耐力项目来说,长时间、大比例的有氧训练甚至会影响专项能力的提高,对运动成绩造成负面影响。针对这种情况,当前有氧训练中增加了对技术和动作力度的要求,在训练中以发展有氧能力为目标,强调单一动作的用力效果,并同时注意强化正确的技术,使有氧训练与力量的发展和技术的掌握有机地形成一个整体。

在许多耐力性运动项目,尤其是周期耐力项目的训练中,对力量训练的重视程度明显增加。人们通过系统的力量训练有效发展快肌的收缩速度和力量,以弥补有氧训练的不足。对力量训练的重视首先表现在力量训练单元数量的增加,一些耐力性项目,包括许多传统上对力量不太重视的长距离耐力项目,均增加了力量训练的课次,自行车、游泳、赛艇和速度滑冰等项目的世界级运动员力量训练的次数一般在3~5次,其中,2~3次为专门的力量训练课,1~2次为与其他训练内容交叉在一起的训练。训练单元的增加不仅保证了力量素质的发展,而且使力量的训练更加细化,提高了训练的科学性和实效性。

耐力项目对力量训练的加强还表现在重视单一动作的效果上。有氧与无氧训练的区别主要在于训练的强度,而在周期耐力性运动项目上强度的大小主要取决于动作"频率"的快慢,所以,周期耐力项目有氧训练的主要形式是放慢频率、加长距离的专项训练,如赛艇的长距离划、游泳的长距离游和自行车的长距离骑等。在这样的训练中要求运动员加大每一个周期动作的力度,增加每一划(游和骑)的距离,在单一动作上尽可能募集更多的快肌单位参与运动。例如,优秀赛艇运动员划桨与回桨的时间比由原来的1∶1变为现在的1∶0.7,缩短了回桨的时间,延长了桨在水中的滑行距离。图4是周期耐力项目有氧训练强度举例。应当注意的是,训练强度的个体差异很大,在训练中应当对每一个运动员定期进行诊断,以选定最适宜的有氧训练强度。

有氧训练的多样化趋势。一些中长跑运动员将相当部分的场地跑换为草地或沙地越野跑,赛艇和皮划艇运动员经常采用爬山和法特莱克越野跑发展有氧能力,这些变换形式的耐力训练调动了运动员训练的兴趣,避免了损伤,同时也发展了有氧耐力和力量能力。

有氧和无氧(力量)能力存在动态变化关系,这会影响到运动员长期纵向的训练。长期以来,我们通常在训练的准备期以大量的有氧训练为主,在进入比赛期之后,开始提高训练的强度,无氧训练成为主要的训练内容。在准备期,大量的低强度训练发展了有氧能力,但无氧能力却由于缺乏有针对性的训练而大量丢失,有氧和无氧训练的失衡不可能形成符合专项需求的专项耐力。竞赛期,由于训练量与训练强度角色的大幅度换位,低比例的有氧训练导致在准备期已经获得的有氧能力得不到持续的保持和发展,高比例的无氧训练反过来对有氧能力又造成负面的影响,运动员的有氧能力因此而出现大幅度下降的同时,又由于准备期缺乏无氧的训练,机体对突然到来的大强度训练没有做好充分的准备,加之缺乏有氧能力的支持,所以,无氧训练也不可能达到预期的效果。

综上所述,力量训练与耐力训练之间是相互支撑、相互制约、对立统一的动态变化关系。研究已经证明,有氧或无氧(力量)训练对肌肉的影响并不是单一的。一方面,可能会出现彼此相互支撑的情况,如有氧能力的提高会推迟无氧糖酵解供能开始的时间,高于有氧的强度(如无氧阈值强度)也可以有助于有氧能力的提高。但是,另一方面,它们还会出现相互制约的关系,有氧或无氧的训练可以导致整个肌肉系统的特性向有氧或无氧能力的方向发展,一种能力提高的同时会削弱或制约另一种能力的水平和发展。

2.1.6.3 核心力量与传统力量训练的关系

2.1.6.3.1 核心力量

"核心力量"自北京奥运周期以来,在国内竞技体育领域受到"膜拜式"的欢迎。训练实践领域、学术研究领域和体育产业领域有关"核心力量"的方法、研究和器材不断涌现。"核心力量"在国内的应用过程中先后出现了若干相似概念,如核心稳定性、核心力量、核心区力量、核心柱力量、功能（性）力量、悬吊训练、动作训练等。

目前，核心区力量与核心稳定性两个概念最基本但仍存争议。这些相似而又不同的概念，在"核心力量"的理论研究和实践运用过程中造成了一定的混淆。国内对"核心力量"的认识更多的停留在练习的手段和器材上，对"核心力量"的练习原理缺少相应的了解。瑞士球训练、悬吊训练、医药球训练等概念也因此出现。但是，在众多学者对核心力量和核心稳定性的不断深入研究下，这些争议也逐渐趋于明朗。

黎涌明、徐权、陈小平（2011）在其《"核心力量"和力量训练刍议》中认为，"使用这些器材（以及其他相当一部分核心力量训练器材）进行的训练，实质上只是一种在非稳定支撑面上进行的练习"。"核心力量指的是人体核心部位（腰椎－骨盆－髋关节）的肌肉，以稳定人体核心部位、控制重心运动、传递上下肢力量为主要目的而产生的力量能力，它主要受神经支配能力、核心部位肌肉的支撑能力和呼吸与运动之间的配合等方面因素的影响"。

"核心稳定性是指，在运动中控制骨盆和躯干部位肌肉的稳定姿态，为上下肢运动创造支点，并协调上下肢的发力，使力量的产生、传递和控制达到最佳化"。

"身体核心部位在运动中有产生力量、传递力量和控制力量三个功能，在我国人们将其称为核心力量，或者将其作为'功能训练'的一个组成部分"。

韩春远、王卫星、成波锦、刘书芳（2012）在其《核心力量训练的基本问题—核心区与核心稳定性》研究中提出，"核心是'腰椎－骨盆－髋关节'形成的一个整体，是人体的中间环节，具体指膈肌以下盆底肌以上的中间区域，含有41对＋1块肌肉群；大核心指肩关节以下髋关节以上，包括骨盆、胸廓和整个脊柱在内的区域，有55对＋1块肌肉群"。

郭树涛、王卫星、姚旭霞、齐光涛（2010）在其《核心稳定性—

释义及形成机制》研究中提出,"核心稳定性有赖于控制、被动以及主动三个子系统的协同工作。根据所处位置及功能可以将核心区肌肉划分为:局部稳定肌、整体稳定肌和整体运动肌"(图6)。

```
局部稳定肌        整体稳定肌        整体运动肌
   ────────────────────────────────────►
   低负荷                         高负荷
```

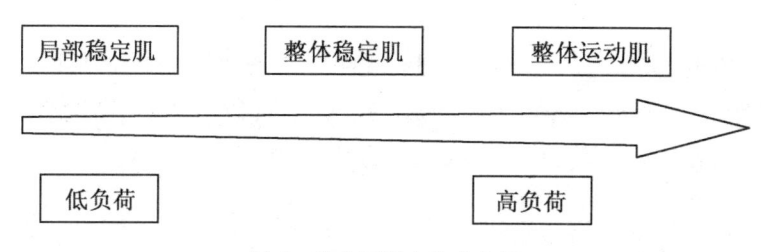

图6 核心区肌肉稳定作用

"核心稳定性是在相互依存、相互作用的控制子系统(神经)、被动子系统(关节、韧带)以及主动子系统(肌肉)共同作用下的动态过程,是肌肉控制、肌纤维募集方式以及节段关节稳定的最终结果。其中心内容是保持脊柱中立区域在一定生理范围内以避免临床不稳定。核心区的稳定不仅为其他环节运动提供了坚实的平台,而且核心区肌群还可以直接参与产生力量,并将这些力量有效地传递到肢体末端,从而使得运动环节末梢得到更大的叠加力量/速度。控制子系统、被动子系统与主动子系统三者密切联系、相互依存、相互协作以维系核心区的稳定性"。

王卫星、廖小军(2008)在其《振动、核心及功能性力量训练的认识》研究中认为"核心力量可以改善近端固定的稳定性,提高末端肌肉的发力,提高不同肌肉之间的协作,以及动员全身不同环节的力量有序地参与运动,加大总体能量的输出"。"利用不稳定训练的运动员,其神经-肌肉系统的增强远远高于稳定的训练。使用不稳定的装置进行力量训练不仅可提高所训练肌群的力量水平和本体感受能力,还可激活核心肌群的参与,有效提高整体力量水平和运动能力"。

黎涌明、于洪军、资薇、曹春梅、陈小平(2008)在其《我国皮划艇激流回旋重点运动员6个月冬训负荷研究》研究中认为,"核心力量与核心稳定性是两个不同的概念。核心力量是一种与上肢、下肢力量并列的,以人体解剖部位为分类标准的力量能力,而核心稳定性是人体核心力量训练的一个结果"。"核心力量训练基本遵循由稳定到非稳定、由静态到动态、由徒手到负重的难度递增顺序,充分体现了由内到外、由小到大、先稳定后运动的训练原则"。

"核心力量在绝大部分竞技体育项目中均具有十分重要的位置和作用。核心力量训练不仅对技巧类项目具有重要的作用,对很多力量－耐力项目同样具有关键的影响。"

2.1.6.3.2 传统力量

目前,世界各国的力量训练专家和教练员对各类传统力量的解释尚不完全统一。通常对各类力量的解释如下。

从力量指向上分为基础力量与相应力量。基础力量是指整个肌肉系统的力量,是运动的基本力量,是完成任何动作都必需的一般力量。通常在早期训练阶段和准备期进行。相应力量与基础力量相对应,是指完成某一动作所必需的专门力量。如果基础力量水平低,将影响相应力量的发展。

从专项关系上分为一般力量、辅助专项力量和专项力量。一般力量是指身体各部位肌肉力量的发展水平,是各运动环节克服阻力的工作能力。专项力量是指在时间－空间特征上严格符合专项竞技动作要求的肌肉力量。也就是说,在动作结构、力量性质、肌肉收缩的方式甚至动作的心理定向等方面都严格符合专项运动特点的肌肉力量。辅助专项力量也称为全面专项力量或专门力量,旨在提高专项主要工作肌群的力量,是一般力量训练与专项力量训练的"交叉地带"。

从力量训练特征上分为最大力量、快速力量和力量耐力。最大力量是指肌肉克服极限负荷的能力。快速力量是指肌肉在短时间内尽快发挥强大力量的能力,包括起动力量、爆发力量、制动力量和反应力量。近年来,反应力量被人们单独列为一种重要的力量训练方法来进行研究。力量耐力是指肌肉在静力或者动力性工作中长时间保持肌肉紧张用力而不降低工作效果的能力。

从体重关系上又分为绝对力量和相对力量。绝对力量是指在不考虑体重条件下所能表现出来的最大力量。相对力量是指运动员单位体重的力量大小。

从肌肉工作方式上分为向心（克制）收缩力量、离心（退让）收缩力量、等长收缩力量和超等长收缩力量。向心收缩力量是指肌肉通过快速向心收缩方式产生的力量。离心收缩力量是指外力大于肌力时，肌肉用力收缩而被拉长过程中所表现的最大力量。等长收缩力量是指肌肉收缩时长度不发生变化，固定运动环节或对抗外界负荷的能力。超等长收缩力量是指在冲击性大负荷作用下，肌肉快速完成拉长－缩短的过程。

力量训练方式的发展经过了漫长的路程。从上述分类来看，运动实践中教练员采用了多种发展肌肉力量的方法，或是作用于整个肌肉系统或是作用于某些肌肉群，这些具体的练习是形成现代力量训练方式的基础。力量训练专家按照肌肉工作的形式、力量的性质、练习的方式、练习的效应和力量训练中练习阻力和速度受控的情况等划分力量训练的方法和手段。

随着力量训练方式的不断更新与引进，核心力量以及功能性力量训练作为新兴的力量训练方式被国内外专家学者所接受，并在实践检验中取得了较好的成果。新兴力量训练方式的产生与应用目的在于提高运动员的专项力量能力，进而达到提高专项成绩的目标。

2.1.6.3.3 核心力量与传统力量

明确核心力量训练与传统力量训练之间的关系，合理选取力量训练的方式是中长跑专项成绩提高的前提和基础条件。然而，教练员在力量训练方式选取时很难准确判断该力量训练方式是否符合运动员的专项特征，从而盲目选取力量训练方式，并在选取新的力量训练方式时，很难分辨新兴力量训练方式与传统力量训练方式在本质上的区别，一味追寻新方式而忽视了力量训练方式的最终目的，致使专项力量训练脱离实际。进行传统力量训练和核心力量训练的对比研究,找出两种力量训练方式在发展运动员力量中的差异性,能够为教练员在发展运动员力量过程中选择合理的力量训练方式提供依据。

目前,人们对核心力量训练与传统力量训练的关系缺少全面、理性的认识,导致国内竞技体育一度出现"谈体能必谈力量训练,谈力量训练必谈核心力量"的现象。

将人体核心部位的这种"能力"理解为"力量能力",造成了"核心力量"与"传统力量"之间的混乱。在训练实践中,没有将核心力量训练置于合适的位置,并与传统力量训练取得合理的平衡。

黎涌明等人(2008)在其《论核心力量及其在竞技体育中的训练——起源·问题·发展》研究中表明,"在竞技体育中,核心力量是一种新的力量能力,它与传统力量的主要区别在于:第一,在解剖位置上,它不同于以往的躯干肌肉,躯干肌肉的界定主要是以脊柱周边的肌肉为标准,而核心肌是指附着在腰椎-骨盆-髋关节周围的肌肉,一部分腰椎以上的躯干肌并不包含在核心肌肉之内,而一部分以往被定义为下肢肌的肌肉却属于核心肌肉的范围。第二,在生理功能上,核心力量更强调稳定和平衡,更强调深层小肌群的固定作用,更强调神经对肌肉的支配能力。第三,在作用上,核心力量在几乎所有的运动项目上都不是直接的发力源,它主要是通过对核心部位稳定性的加强、稳定程度的调整和稳定与不稳定之间转换的控制,为力量的产生创建支点,为力量的传递建立了通道"。

黎涌明、曹春梅、陈小平(2012)在其《非稳定支撑面上自由负重练习的肌电分析》研究中认为,"非稳定支撑面(核心力量训练)不能有效增加对身体表层肌肉的刺激程度,不能替代负重对于发展肌肉横断面、最大力量和爆发力的作用;自由负重可以有效增加对身体表层肌肉的刺激程度,可能同样具有提高身体稳定性的作用;非稳定支撑面上的徒手或低负重练习和稳定支撑面上的自由负重练习不存在对立关系,二者可以作为一个完整力量训练计划的组成部分"。

另有研究表明,在速度力量训练的开始阶段,必须注意肌肉组织与其支持组织(肌腱和韧带)之间的协调关系。因为肌肉组织对训练具有较快的适应性,而肌腱和韧带对力量训练的适应性比较慢。因此,在训练的开始阶段除了要进行肌腱和韧带的适应性训练,还要先进行核心力量(是指个体稳定关节与躯干的能力,是把机体各部分联系起来的力量)的训练,这是提高速度力量的基础。

"核心力量"只是人体核心区域的一种稳定能力,这种稳定能力有利于全身力量的产生、传递和控制。稳定能力只是力量增长因素中肌间协调的一方面,力量的增长还需神经适应的肌内协调,以及肌肉横断面的增加,离不开负重(或抗阻)练习。以往力量训练对肌间协调(稳定性和协调性)的忽视是影响力量专项化的主要原因之一。增加对肌间协调的重视,增加力量训练中多关节、多维度和非对称练习的比例,全面、系统地开展力量训练,是发展专项力量训练和预防损伤的关键。

由此可见,核心力量训练与传统力量训练的本质不同在于核心力量训练中增加了一个"不稳定因素",然而增加的这一不稳定因素不仅是增加了力量训练的难度,而且为传统力量训练增添了鲜活的因素。它建立了一种新的力量训练理念,创新了力量训练的方法和手段,弥补了传统力量训练在提高协调、灵敏和平衡能力方面的不足,能够有效地预防运动损伤。

核心力量在竞技运动的力量训练中应该具有自己的特殊位置,并应该具有独立的训练结构体系。核心力量训练是传统力量训练的有益补充,它与传统意义上的力量训练并不存在对立关系。

因此,尽管核心力量对竞技运动具有重要的影响和作用,需要加强对它的训练,但是,该力量毕竟仍然属于机体力量的一个组成部分,其发展同样需要考虑与其他部位力量之间的比例和协调问题,在训练上也必须注意与传统力量训练方法的结合。

在加强对核心力量训练重视的同时,还需要认真研究这个刚刚进入竞技体育领域的力量能力与传统力量训练的关系问题,注意核心部位力量与四肢力量的协调发展,注意抗阻训练与核心稳定、平衡和协调训练的结合。

对核心力量训练的重视并不意味着对四肢力量训练的忽视,全身整体力量的协调发展始终是竞技体育力量训练的最终目标。同样,核心力量训练更不是对传统力量训练的取代和否定,虽然核心力量训练给竞技体育的力量训练带来了一些新的理论、方法和要求,但大量已有的经典力量训练研究成果和经验也同样适用于核心力量训练。研究认为,基础力量是竞技运动水平的一个不可或缺的重要能力,以往对协调能力和核心力量训练的不足造成了一般力量与专项力量的失衡,但不能因此而忽视甚至放弃基础力量的训练,竞技能力中的每一种子能力都有其特定的功能和作用,基础力量同样可以在拥有良好协调能力和专项技术的前提下,对专项成绩构成重要的影响。训练时,不仅应该运用核心力量训练搭建起不同部位多块肌肉和肌群协调工作的平台,同时还要设法运用基础力量的训练提高平台上每一块肌肉工作的能力和效率。

综上所述,核心力量训练与传统力量训练是一种互补关系,核心力量训练在目标和方法上更加强调力量的衔接和传递,强调力量能力与协调和柔韧能力的结合,给传统力量训练带来了新的变化;而传统的抗阻力量训练在肌肉的最大力量、快速力量和力量耐力等方面的训练已经形成了系统的理论和方法,同样可以被用于指导中长跑运动员核心部位肌肉力量的训练。

2.1.7 视野与趋势

2.1.7.1 提高训练质量

2.1.7.1.1 训练质量释义

现代运动训练的关键是训练质量的提高。随着时代和科技的发展,运动训练理论和实践的发展也日新月异,而运动成绩的提升单单靠传统的运动训练理论和实践已很难有所突破了,运动训练操作过程也由粗放向集约发展,运动训练科学化是训练质量提高的必然趋势。

运动训练是一个以提高运动员专项运动水平为目标的,受多因素影响的复杂和长期的过程。在这个意义上,训练质量的问题同样属于质量管理理论研究的范畴。要提高训练的质量,则必须研究训练的构成要素、训练要素之间的关系以及训练的实施与控制等不同方面的问题。

狭义的运动训练结构只涉及训练目标、计划、方法、要求、控制以及恢复等行为方法学的内容(Sehnabel 等,1997)。但是,从广义上看,运动训练结构还涉及各种运动能力和比赛能力的信息,它们是运动员进行训练的基础和依据(Carl,1989)。

由此可见,在现代运动训练中,高质量训练的形成不仅与训练本身有关,而且还与所涉及的其他许多环节、因素和过程有关。只有将所有影响的因素都纳入管理的轨道,并保持系统、协调的运作和控制,才能确保高水平的训练质量。提高训练质量的实质就在于,在详细了解训练对象运动能力和比赛状况的基础上,科学制定训练目标和计划,选择有效的训练方法,对训练过程进行严密的控制,并且合理安排运动员的恢复,使运动员的专项成绩得到快速提高。

2.1.7.1.2 提高训练质量的误区

(1)提高训练强度不等于提高训练质量

陈小平认为"我国运动训练中出现一种盲目增加训练强度的倾向,试图通过提高训练的强度,解决长期存在的训练质量问题,甚至认为我国许多落后项目与世界先进水平的差距,就在于训练强度不够高"。

特别是体能类项目,普遍提高了训练的强度,"以强度制胜"一时成为我国一些项目训练的"主旋律"。我国运动训练界就存在通过减少训练的总时间和间歇时间,加大训练的密度、频率和难度,从而达到提升训练强度目的的问题。

然而,从人体运动生理生化机理的角度来看,训练强度本身并不能直接决定训练质量的优劣,更不是越大越好。运动员的训练是以充分挖掘个体最大潜能为目标,根据项目特征和运动员的个体情况,采用不同的训练方法和负荷强度刺激机体,有序和逐渐地提高运动员的竞技能力水平。

在我国普遍存在的"以强度促质量"训练思路的指导下,一些耗时长、强度低的有氧训练往往没有受到足够的重视,甚至被简单地取消,由此而造成我国部分耐力性项目运动员缺乏扎实的有氧基础,进而影响到整个耐力水平的提高。我们必须认识到,一些时间长强度低的训练在训练中发挥着不可替代的作用,它们不仅可以从机体的结构和功能上改善耐力的基础,而且能够与力量和技术训练有机地融合在一起,促进运动员专项力量与技术水平的快速提高。

而且,与成年运动员相比,片面提高强度的做法对青少年运动员运动水平的发展将产生更加严重的不良影响。首先,过高的训练强度超出了青少年选手的生理负荷能力,增加了处于生长发育期青少年运动器官和系统的生理负荷,不仅造成部分素质的发展过早出现停滞,如速度障碍等现象,而且还极易引发过度训练和增加运动损伤的发生几率。其次,过早进行高强度的训练也是导致青少年身体素质与技术脱节的主要诱因,我国体能类项目运动员普遍存在的技术不足问题与此有密切关系。最后,高强度的训练还导致了我国青少年运动员的早期专项化问题,过早专项化破坏了运动训练的系统性,是造成我国运动员早衰的主要原因。

此外,运动训练并不是孤立的,它时时刻刻都与"恢复"相伴而行。如果一味强调训练的强度,甚至以强度作为评价训练质量的标准,就很容易造成机体疲劳的积累,进而引发过度训练。

2 文献综述

(2)比赛数量的增加本身并不能提高训练的质量

比赛数量的大幅度增加是近年来竞技体育的一个明显发展趋势,这一趋势不仅表现在技巧类和球类项目上,而且也反映在对运动员体力要求高的体能类项目中。比赛数量的增加主要受两个因素的驱使,即项目的推广和竞技运动的商业化。赛事的增加与训练质量提高之间并没有直接和必然的联系。

陈小平认为,比赛数量的增加确实给训练带来了很大的变化,它们主要体现在三个方面:

首先,训练的计划和安排有了大幅度改变,传统的周期训练理论受到挑战和质疑。小周期和多周期的训练已经成为大多数体能类项目的训练模式。高水平运动员在准备期仍然以提高专项能力为主要任务,而在比赛期则增加了许多有氧的低强度训练,以期快速恢复体力,应对连续的比赛任务。

其次,比赛与训练的结合更加紧密,人们已经不再简单地将比赛视为一个独立的部分,而是将其纳入到整个训练的过程中进行统筹计划和安排。训练负荷的这种"面"的低缓和"点"的突出,已经成为许多体能类项目训练的一个发展趋势。

最后,训练后身体恢复理念的更新。由传统上的被动恢复,变为以提高运动员基础代谢水平为主要内容的主动恢复,人们已经不仅仅从机体疲劳恢复的专门手段和措施方面注重恢复,而且从训练的负荷方面加强恢复能力的培养,力求从基础上提高运动员的恢复能力。

综上所述,比赛与训练质量之间的关系,取决于对"以赛带练""赛训结合"等问题的认识和应用程度,正确理解并把握竞赛在长期训练过程中的功能与作用,在整个训练负荷量和强度的视角下,对参赛数量与频率进行综合分析,必须改变训练的方式和方法,使训练适应并满足比赛的需求,才可以将比赛变为提高训练质量的促进因素。

2.1.7.1.3 训练科学化是提高训练质量的唯一途径

长期的训练实践已经证明,训练质量的提高只能建立在科学训练的基础之上。正确的训练目标、系统的训练计划、有针对性的训练方法、适宜的训练负荷以及对训练过程的科学监控是提高训练质量的关键。盲目增大训练的强度或增加比赛的数量,都不是提高训练质量的有效途径,甚至可能将训练引向歧途,增加过度训练和运动损伤的发生概率。

陈小平提出的有关提高训练质量过程中应注意的问题,能带给我们有益的启示:

第一,明确的训练目的性。整个训练及其构成训练的每一个要求、任务、措施和方法,都必须具有明确的目的性。在纵向上,长期、中期、短期甚至每天的训练计划都应彼此有机地衔接和呼应,形成以总体训练目标为主线的、有层次的序列。在横向上,应该注意不同训练目标(长、中和短期目标)的影响因素以及这些因素之间的关系,明确各个训练目标的结构。

第二,缜密的计划性和系统性。训练的计划性,就是在宏观上把握训练的发展方向,在微观上设计和选择适宜的训练方法与手段,视情和适时发展运动员的各种能力以及专项运动水平。训练的系统性,是在了解和掌握了对运动训练有重要影响因素的属性和功能的基础上,从专项的特点和运动员的个体情况出发,明确不同训练时期的不同训练任务,控制训练的过程,使运动员的各种能力和专项成绩逐渐和有序地发展。

第三,突出的个体差异性。"因材施教"是当代科学化训练的一个主要特征和标志,高的科学化训练水平主要体现在对不同运动员区别对待的程度上。竞技运动训练的目标是最大程度地挖掘运动员的潜能,不同运动员的遗传因素不同,对训练刺激的适应水平也有很大的差别,因此在训练的负荷、方法和要求上必须遵循区别对待的训练原则。

2.1.7.2 把握功能训练前沿

2.1.7.2.1 功能训练释义

以神经-肌肉系统激活、募集、控制为主线的功能动作训练的新理论,诸如 FMS 功能动作测试、脊柱肌肉力量(肩部、躯干和臀部稳定)训练、核心力量训练、本体感觉训练、加强动力链训练、弱链(代偿性动作、动作非对称和损伤)矫正训练、损伤预防训练,保养和康复训练恢复与再生(淋巴按摩,筋膜放松)等等,一场围绕现代运动训练理论与方法的变革正在竞技体育实践中悄然兴起。

身体运动功能训练概念在我国的产生和确立,最初出自我国精英教练员团队在美国 AP(现称 EXOS)运动训练学院的亚利桑那凤凰城总部的培训过程。美国"功能训练"理念和方法,融合了大量西方动作科学、信息科学、医学、康复再生等领域的应用成果,但西方的"功能训练"理念似乎与我们追求的运动训练和教学目标不能一一对应。反之,传统上我们所熟悉的"体能训练""技能训练""恢复训练""运动医学"却有待于进一步"无缝整合"。由此,引发了适合我国实践需要的"身体运动功能训练"理论和方法的思考。

张英波教授将身体运动功能训练概念定义为:以渐进层次动作模式为载体,以实现最佳动作效能和提高身体运动能力为导向所组织和实施的跨越多关节、全方位运动平面、富于本体感觉、整合多种感觉、运动和供能系统的完整训练方法体系。

身体运动功能训练指的是身体各系统运行和产生神经输出的方式,它注重采用加强核心柱功能和动力链效能,并能使神经肌肉系统更加有效率。它包括了多方向动作衔接的加速度、稳定性及减速等练习在内的多关节、多平面、多维度的整体性动作训练内容。

2.1.7.2.2 功能训练误区

近年来,功能训练成为了一个热门的话题,被"球类"教练、核心训练人群、肌肉训练纯粹者、有氧训练崇拜者所广泛接受,其支持者给人一种其他训练方法和手段是错误的、无效的误区。

20世纪80年代,美国体能协会和其他体能协会会议上,提出将神经肌肉促进术(PNF)作为功能训练的一部分,而不仅仅是柔韧牵拉训练方法的延伸。不幸的是,自此以后,有很多人出于个人对功能训练和应用康复的理解和错误应用,对功能训练非常狂热。

功能训练被误认为是:不使用器械训练,在多维平面内练习,甚至在瑞士球、泡沫轴和平衡板进行平衡技巧练习。这不是功能训练的原始定义,也不能准确描述提高运动能力,神经控制和专项代谢需求训练的过程。

"功能"不仅取决于动作本身,还与很多因素有关,如执行模式、运动员特征、重复次数、组数、执行方法、训练周期、与其他训练内容的相关呼吸、运动员的身体和心理特征、全面的训练计划和一些其他的变量。在某一阶段的专项练习和功能训练在其他阶段或条件下可能不是功能性训练,如疲劳和轻度损伤。

功能不是独立于具体环境和个人而言的,所以目前功能常被人误用。但是我们知道教练和公司很快地利用这个概念去卖服务和商品。所以,我们再次面临着误导和怀疑的使用功能术语,一些健身爱好者、物理治疗师和运动员相信这些新奇和独特。

尽管功能训练在运动训练学领域和康复领域被讨论和应用了很多年,但是直到现在大家才发现功能训练是一种独特的训练手段,应用该方法后,它可以自动改变运动表现。

2.1.7.2.3 功能训练意义

(1)改善动作,提高动作经济性,控制运动损伤

运动员追求的是"有效和稳定的表现专项运动成绩"。而在这个过程中,伤病是运动员竞技生涯最大的风险,但是,导致运动损伤的根源是什么?

研究表明,不稳定、不对称和代偿性动作模式会增加运动员的受伤风险。动作不稳定、不对称和代偿性动作等弱链模式,是

造成运动损伤的根源。生物力学链上的薄弱环节(即弱链),将降低神经－肌肉的控制能力、稳定性,从而导致骨骼肌的功能下降,影响最佳运动功效,也是造成运动损伤和能量浪费的根源。

人们常把皮划艇、赛艇当作体能类项目。为什么皮划艇、赛艇的奥运赛场上,往往是体能处于黄金阶段的年青运动员拿不到冠军,而30多岁体能下降时的老运动员(北京奥运会14个赛艇冠军艇的平均年龄30.9岁;皮划艇平均冠军29岁)却能多次获得奥运会冠军?

Jones对世界女子马拉松最好成绩2:15′25″保持者拉德克里夫(Radcliffep.)进行了长达15年的跟踪研究,拉德克里夫在1992—2003年的11年(18－29岁)中,在最大摄氧量相对稳定的前提下(70ml/kg * min^{-1}),奔跑的经济性(Running Economy)出现显著性提高,在16km/h定量负荷下的最大氧耗量逐年下降,在最大摄氧量强度负荷下的跑速逐年增加。

Coyle对连续7次蝉联环法自行车比赛冠军的阿姆斯特朗的研究发现,在7年(21－28岁)的训练中,他在其最大摄氧量未发生显著变化的情况下,骑车的经济性出现了明显提高,在定量负荷VO$_2$max5.0 L/min下的功(w)增长了8%,总效率增长了8.8%。

这不是由其体能或运动素质的提高引起的,而是由于改善了动作效率,使他们的动作更经济、更有效。完美的技术可以弥补体能的不足。技术好与坏取决于运动员身体姿态构成动力链的效果,强化动力链是提高技术动作经济性和有效性的关键。换言之,省油、高效率使其成为常胜将军。

(2)稳定动作,提高动作实效性,提升成绩表现

脊柱肌肉力量不足,会导致动作不稳定和能量泄漏。动作不稳定是障碍动力传递功效和能量浪费的根源。

传统杠铃训练的力量练习主要是四肢,是单关节、固定动作轨迹、单维度和局部肌肉的钢性力量,这些力量都是经典的牛顿定律,即作用力等于反作用力(F＝ma)。而大多数运动项目所表

现出的力量特征是整体的、多维的、多关节联合的、不稳定的、柔性的,不是简单的"作用力等于反作用力"。所以,练这么多钢性力量不能用在专项技术上,发达的肌肉不能够在专项上表现出来。

大多数项目都要求实现来自地面的有效力量传递,以达到上肢或所持器械的最大加速度。这种力量传递通常能够反映出上肢和下肢相联系的好坏。通过加强躯干核心力量,可以提高运动员从腿部到躯干,再到上肢和器械的力量传递效果。

整合力量,加强动力链,使球或器械达到最理想的加速度,力量传递对于大多数运动项目取得好成绩都非常重要。所以,要发展脊柱肌肉力量,发展肌群之间的平衡和上传力量的肌群。

动作模式－动力链－专项技术。

专项技术是在中枢运动神经支配下的按某专项特定动作顺序完成的多关节、多肌肉参与的多种运动模式的联合与整合。大多数项目专项技术是多维动作模式的联合与整合。

基本动作模式的稳定性是专项技术多维运动整合的基础,是动力控制、传递和动力链效率的关键,主动肌、辅助肌和拮抗肌的互动关系决定力量传递与整合的效果。

专项技术(能力)的好坏并不是受发力的大小决定的,而是受力量传递过程中弱链的制约。弱链造成神经－肌肉控制能力降低,稳定性和肌肉力量下降,因而导致骨骼肌系统的功能下降。其中,最被忽视的弱链部位或环节是核心区(肩部－躯干－臀部)的稳定性。

提高脊柱肌肉力量,即提高肩部－躯干－臀部的稳定能够产生更大的力量,更为经济的动作,避免能量浪费,降低受伤风险,显著提高运动成绩。

人体稳定性,即人体维持、达到和恢复平衡状态的能力。能够保持特定身体姿态(如坐、站),自主运动(如走、跑、游泳),对外部干扰的反应(如绊、滑)。

身体(动作)姿态是人体动作的基础和核心。

人类身体功能动作就是在日常生活环境中人们需要做的动作。从解剖学角度理解,即我们的身体被设计成应该做的动作。

人类生长和发展过程中重要的七个动作,主要涉及核心部位(髋部、脊柱、肩部)灵活性和稳定性的蹲、踏、弓箭步、伸、抬腿,以及另外两个要求躯干稳定和躯干旋转的动作,它们分别是俯卧撑和躯干旋转稳定动作。

体育运动是身体功能动作模式的组合,任何完美、复杂的竞技动作都是由最简单的动作模式构建的,从简单到复杂,从单个到综合。

竞技运动中包括多关节、多维度的动力性动作,在四肢末端转换和传递力量。所以,要多做身体平衡、本体感受和肌肉力量的控制训练。脊柱肌肉力量差或核心部分不牢固和不结实,在对抗动力性/弹性力量训练的时候就可能会有腰部或是下背部受伤。

强调多关节、多平面的动作训练,即在日常的训练过程中,多关节的动作比单关节的动作要更加强化功能性;在竞技比赛中,身体动作不是单独的在某一平面内的动作,相反,大部分动作都是在两个或两个以上的平面内的动作。所以,要强调关节各个角度,运动环节各个平面的动作训练。动作训练还把平衡控制和本体感受都加入到训练的过程当中,它更加强调对运动员身体躯干核心部位的控制、核心的平衡和稳定。核心平衡、稳定性等必须先于身体四肢的发展。动作训练是全身动作的一体化,强调控制下的动态性。在竞技比赛中,没有哪个动作是单独的一块肌肉发力产生单一的一个动作,且我们的动作大致可以分为减速、维持稳定和加速,这分别通过离心收缩、等长收缩和向心收缩来实现。

通过身体姿态(势)和身体动作练习,统筹兼顾地发展了运动员的肌肉力量、速度、灵活性、协调性、平衡和稳定能力,使训练直接有助于运动员竞技能力的提高。

动作训练能够把传统的体能训练和技术训练有机地结合在一起,使得日常训练更加联系实际比赛。运动训练将不再是独立的、脱离实际比赛的大负荷的体能训练,它消除了训练场和比赛场的差距。

2.1.7.3 践行养护与康复体能训练理念

2.1.7.3.1 中西方训练理念的碰撞与融合

陈小平认为,训练理念是教练员对运动训练本质及其影响运动训练的多种因素的理解,是对极其复杂的训练过程的认识,是指导运动训练的"思想"。训练理念是由知识、感悟和精神构成的,具有可变性、互补性、层次性和稳定性的特性。训练理念在其科学性、专项性等方面表现出明显的发展趋势。在训练理念的认识上应该注意理念与方法的区别,正确认识理念的创新,并且充分考虑理念与专项特点的关系等问题。

东西方社会发展中动作训练理念(表7)的异曲同工。纵观东西方漫长社会发展中动作训练过程出现的一些观念,不难发现,它们具有奇妙的异曲同工之处,进而提示我们应挖掘与研究古老的东方文明身体训练,以及源自西方现代动作科学的交汇点。

表7 东西方社会发展中动作训练理念的异曲同工

古老传统的东方智慧	现代西方动作科学
天人合一	自然赋予和人体动作矩阵
形与气	功能动作、动作表现、动作模式与动作程序
气沉丹田	核心力量、支柱稳定性和臀肌发力基础姿势
迈步如猫行、脚踏如履薄冰、虚实好分清	完整动作范围和多种感觉整合控制动作
经络	生物流、筋膜矩阵、肌肉筋膜释放和激发点再生训练

2 文献综述

续表

古老传统的东方智慧	现代西方动作科学
五行(金木水火土)	AP动作表现四要素(心理设定、营养、动作、恢复)
藏象与脉象	功能性动作筛查与选择性功能动作评价
阴阳	功能动作中的支柱稳定性与肢体灵活性
台上一分钟,台下十年功	动作表现与动作学习
失之毫厘,差之千里	身体环节精准定位与精确动力链
慢工出细活	动作速度与准确性权衡
冬练三九,夏练三伏	动作协调阈与平衡阈拓展
三岁看大、七岁看老	遗传基因的动作规定性
望梅止渴	动作控制中的原始反射

由此可见,随着运动竞技水平的高度化发展,一方面是极限的运动负荷刺激于运动员的身心,另一方面又由于教练员对养护性训练和"预康复"理念的缺失,致使训练和比赛中的伤病发生率长期居高不下。

虽然伴随着动作功能康复训练的兴起和成熟,这并不能使我们的训练放入保险箱,我们应该在体能训练中把养护性训练作为训练的一部分,使运动员职业生涯全程做到完美的控制。

骆学锋博士认为,新的训练过程系统化理念将拓展传统的训练过程系统化理念的范畴,我们应该关注的不仅仅是在损伤后如何进行功能性恢复,而是在身体运动功能训练的全过程把"动作"、"预康复(损伤出现之前的早期行为干预,使损伤不出现或延迟出现,且伤害程度最小化)"作为训练控制的标准程序,在训练过程中,始终贯穿"练习"、"休息"、"补水"、"再生"(肌肉主动分离牵拉、筋膜牵拉法等)、"恢复"、"评价"(FMS功能性动作筛查等,可简易的识别个体的功能限制和不对称发展)等内容,使之成为一种长期不懈的行为习惯,并由此构成身体运动功能训练的整体宏观过程。

2.1.7.3.2 养护与康复体能训练理论与方法

近年来,随着功能训练和动作学科在运动训练理论和实践中的兴起,养护与康复体能训练也逐渐为人们所熟悉,但其在理论和实践两个层面上的研究还相对较少。目前为止,只有王卫星教授有相关的研究,且主要集中在训练方法上。关注和重视养护与康复体能训练,能够使运动训练科学化程度得到进一步提升,这也契合现代运动训练发展的趋势。

王卫星教授提出,养护与康复体能训练是指在运动训练中主要针对身体易损伤部位和薄弱环节(如腰、膝、踝和肩关节等)进行防伤防病的体能训练的理念和方法。通过加强对运动关节(如腰、膝、踝和肩关节等)周围肌群的力量训练,改善关节力量的均衡性,提高关节的稳定性,从而保证了运动中正确的身体姿势以及用力的协调,有效地抑制了训练和竞赛中运动损伤的发生,同时也加快了伤后的恢复。

第一,养护与康复体能训练能够加强身体易受伤部位和薄弱环节的力量,预防运动损伤的发生。它可以增粗肌纤维的横断面积,从而增大肌肉体积;可以消耗脂肪;具有加强肌腱韧带和保护器官的功能;可以加强运动关节(如腰、膝、踝和肩关节等)周围肌群的力量练习,通过改善关节用力的均衡性,提高关节的相对稳定性,保证了运动中合理的身体姿势和协调用力,从而有效地抑制了训练和竞赛中伤病的发生率。

第二,养护与康复体能训练可以加快伤后的恢复。运动员在训练或比赛中必要的保护措施和技术动作是非常重要的,但是因对保护措施的要领掌握不全或技术动作错误造成运动员受伤的事件时有发生,康复训练是必不可少的。

第三,养护与康复体能训练可以大大提高运动员的技术水平和运动成绩,并可以延长运动寿命。运动员的运动寿命是有限的,虽然体能下降这个必然趋势我们不能改变,但是我们可以通过减缓其下降的速度,从而延长运动员的运动寿命。通过针对性的体能训练,如核心稳定性的训练,加上人体核心区肌群的力量,尤其是核心区深层稳定集群的力量,不但可以有效地预防腰部损伤的发生,而且更重要的是可以延长运动寿命。

养护性体能训练是一种把训练中的养和护有机结合起来,达到预防伤病的训练方法,主要包括肩关节养护性力量练习、腰髋关节养护性力量练习、膝关节养护性力量练习和踝关节养护性力量练习等。具体分析如下。

肩关节养护性力量训练主要是对肩袖肌群力量的练习,练习方法为在稳定或非稳定的界面上(如瑞士球、悬吊绳等)围绕肩袖肌群进行的各种徒手或自由练习器械的力量练习。如坐立瑞士球单臂上举、坐立瑞士球屈臂上下旋、俯撑肩胛骨上下旋、俯撑肩胛骨后缩直臂前伸等。

腰髋关节养护性力量训练主要有侧桥练习、非稳态下的背桥练习、瑞士球俯卧"三加紧"等。

膝关节养护性力量训练主要有单腿屈膝四方位伸腿、侧弓步前后侧交叉蹲等。

踝关节养护性力量训练主要有半球站立单腿侧摆腿、半球站立燕式平衡、半球上下跳等。

随着国内外竞技水平的提高以及大众健身的逐渐普及,大量的先进的科学技术被引入体育比赛和运动训练中,推动了运动训练理论和方法的进一步发展。养护与康复体能训练打破了起初的简单康复治疗方法,以及传统的运动损伤后再进行康复训练的套路,它的"预康复"理念,以及防患于未然的训练思路,将逐渐运用到竞技运动体能训练以及大众健身活动。

2.1.7.4 紧随"竞技就是动作"趋势

2.1.7.4.1 体能训练的本质和目的在于优化动作模式

竞技的本质是人体的动作和能量。竞技就是动作模式的好与坏,竞技就是动作的有效性和经济性,竞技就是动作训练,动作模式是竞技运动训练的基石。

有效的动作模式对运动员最佳竞技表现至关重要。动作承载运动素质和技术,动作模式决定运动成绩表现,动作决定肌肉力量传递到某人或某物上的有效性和经济性,动作决定能量传递转移的功效。动作决定人类的更高!更快!更强!

动作矩阵(Movement Matrix)一词由美国著名动作科学家和运动功能康复专家格雷·库克(Gray Cook)在 2010 年提出,指人体内硬件(骨骼、肌肉、筋膜等物质存在)和软件(神经系统、生物流等信息网络)系统结构和功能的最佳化有序整合。

体能训练的目标在于不断升级动作矩阵和突破动作限制、不对称和功能不良,尽可能安全、长久、可持续地提高和保持运动成绩。动作矩阵是动作模式的物质结构、信息和功能控制基础,而优化动作模式则是先进体能训练的方法学的根据和本质。

2.1.7.4.2 人体动作模式类型及结构层次

张英波认为,人体动作模式分为基础姿态环节定位、自然基本动作模式、专门熟练动作模式和高级表现动作模式四个类型及结构层次(图 7)。

图 7 人体动作模式类型的结构层次特征

一般来说,人体静态基础姿态环节定位可分为双脚平行开立和双脚前后开立两种半蹲准备基础姿态,保持髋、膝、踝关节 90°

为宜。而人体动态基础姿态环节定位则强调身体正直的线性姿势；髋关节主导发力；双肩和双髋之间区域所组成"核心柱"的稳定性；髋、膝、踝关节蹬伸过程中同时用力的"三重伸展"和缓冲过程的"三重屈曲"，以及肢体远端脚落地前踝关节背屈和手支撑前的腕关节背屈等。

自然基本动作模式是在人体动作发展动态进程中由内在遗传、神经生理特性和功能解剖结构等先天因素所决定的，为满足生存需要和完成动作任务而采用的最符合人体自然条件且省力、高效和安全的最优化动作实现方式。例如，儿童做出的许多走、跑、跳、踢、投、接等许多自然动作均属于自然基本动作模式。

专门熟练动作模式是在人体自然基本动作模式基础上，为满足外在专项运动竞技需要或完成特种行业操作程序，而采用的最有利于发挥专项运动动作绩效，或最符合职业化操作标准的专门动作实现方式。例如，各种体育运动专项运动技术动作大多属于专门熟练动作模式。

高级表现动作模式是在专门熟练动作模式和自然基本动作模式的基础上，为满足外在特定时刻和地点达到最高比赛水平的要求，或完成特种行业实战任务的特殊需要，而不惜代价所采用的最大限度创造比赛成绩，或尽最大可能实现职业化高规格操作程序的极端性专项动作实现方式。例如，各种体育运动比赛中的动作属于高级表现动作模式。

2.1.7.4.3 动作与体能训练内容核心要素

就进行体能训练，帮助运动员达到提高运动成绩的目的而言，可以借鉴以下动作表现金字塔模式（图8），围绕训练和比赛目标，与教练员、运动员共同组成跨学科专业人员团队，分级"开垦动作"，力争实现动作训练目标，在比赛中创造理想运动成绩。

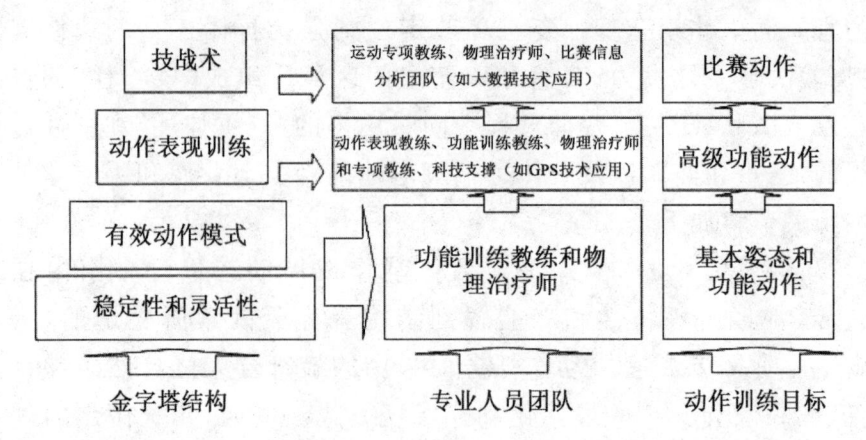

图 8　动作表现金字塔结构、专业人员团队与动作训练目标体系结构图

我们将人体动作模式结构,及其人体动作行为发展中所呈现的动作表现递进层次,结合现代医学、运动训练、恢复和再生基本规律,实现体系化完善与整合,进而提出体能训练内容核心要素体系框架(图9)。

可以看出,体能训练内容核心要素体系循序渐进地分别由基础性本体感觉和反射调节能力训练内容、自然基本动作模式优化训练内容、成熟动作学习训练内容、高级动作表现训练内容构成,其训练任务的侧重点也递进性地从功能、动作、专项能力,过渡到比赛技战术的综合强化。

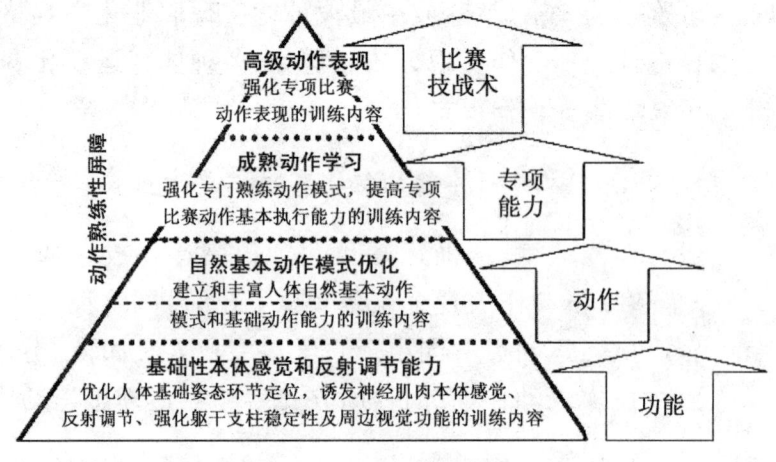

图 9　体能训练内容核心要素体系框架

通过运动训练的计划、实施与评价过程,将人体动作行为和动作模式的核心要素,分层次地构成了以运动成绩为导向的运动表现训练系统设计和内容结构。依据动作任务的自然性或专门性程度与倾向,人体动作模式分为不同层次,它们决定着体能和动作表现训练内容的性质和练习结构。在运动训练系统中只有实现对于不同属性动作模式发展的适宜控制,才能保证长久、系统、安全的训练过程,以及运动员长期的成功比赛生涯。

2.2 国外研究现状

2.2.1 中长跑项目的研究

本书中的有关国外中长跑项目研究的文献资料,主要获取途径是通过直接和间接的查阅1981—2009年的《IAAF New Studies in Athletics》(《国际田联田径运动新研究》)、德国联邦体科所体育文献数据库(SPOLIT数据库,www.bisp.de)、加拿大体育文献数据库(SPORTdiscus数据库,www.sirc.ca)等。

关于中长跑(越野跑)的研究共有484篇文章,其中绝大多数为自1996年至今的研究成果。根据文献涉及的研究内容,大致分为17部分,其中,训练计划、训练周期划分、组织、方法和中长跑教练的一般性文章(112篇);非洲中长跑(23篇);中国中长跑(3篇);中长跑的不同"流派"(12篇);中长跑运动员的高原训练(11篇);中长跑运动员的力量、阻力和超等长训练(36篇);中长跑运动员速度训练的出版物(7篇);中长跑运动员战术(2篇);女子中长跑(包括医学方面)(24篇);儿童和青少年中长跑问题(16篇);长跑的医学和生理学文献(105篇);长跑训练的监控(21篇);长跑运动中的损伤和预防(21篇);长跑运动心理学出版物(19篇);天才运动员鉴别(4篇);长跑运动的历史学和社会学文献(4篇);一般性或全面论述的出版物和文献(17篇)等。下面,我们仅对与长跑项目运动员青少年基础训练研究较为相关的文献进行综述。

从上述文章可以看出,有关训练计划、组织的研究主要有Bloom,M、Gibbon,T、Lowes,D、Bideau,N等人。(1)Bloom,M[34](1998)提出"综合训练应该包括稳速距离跑(40%)、速度跑(15%)、快速跑(5%)、跨项目训练(12%)、力量训练(12%)、瑜伽和伸展练习(12%)、心理训练(4%)"。(2)Gibbon,T[35](2000)提出"成功的耐力训练计划的共同特征包括在儿童和青少年早期的身体活动、专项化训练的年限、在青少年和成年早期的训练运动量和运动强度、高质量的教练过程、训练伙伴和运动队气氛等方面"。(3)Lowers,D[36](2000)提出"良好的训练计划并不只是在短期内取得进步,而是在整个运动生涯的长期发展中不断进步,需根据竞技状态、损伤和疾病等情况进行不断的分析和修正,这是取得成绩提高进行计划的唯一方式"。(4)Bideau,N[37](2006)提出"目前在澳大利亚的中长跑运动员训练中,训练得到了严格的控制,采用心率监测器和秒表能达到非常专门的目标。运动员执行的一般训练结构应该包括有规律的长距离跑、以大约无氧阈强度的快速距离跑、间歇或重复练习、速度练习、恢复性跑、室内训练课等重要因素"。从国外有关训练计划和组织的研究中,我们可以得到一些启示,我国长跑训练中存在监控手段缺乏,或者走向另一极端,即趋向复杂化的问题,往往认为只有专业的生理、生化测试才是具有可信度的高科技,而心率、秒表等简单易行的监控手段则被忽视,并且缺乏相应的理论和实践相结合的研究;教练员在制定训练计划时,可能存在指导思想中缺乏对长期目标的考虑,且没有对训练多样化、训练中的教育学、心理学因素的忽视等问题进行深入的研究。

从上述文章可以看出,Swardt,A.de、Bartonietz,K、Mayes,R.E等人对中国和非洲中长跑进行了研究。(1)Stardt,A.de[38](1997)在对中国中长跑的研究中提出"中国教练员马俊仁的训练计划表现出最佳的训练阶段顺序,即适当采用海平面、高原和中度高原的训练地点、稳定增加每个负荷阶段的时间、在全部训练阶段采用出色的营养恢复方法和全身性再生支持方法(按摩、休息、心理放松等)"。(2)Swardt,A. de[39](1997)认为"非洲的许多中长跑实力很强的国家,儿童跑步上学和放学跑步回家,有时达到40km,这帮助他们发展出在以后辉煌人生中艰苦训练必需的身体系统,训练成为他们生活中的一个自然部分。大部分肯尼亚和埃塞俄比亚中长跑运动员生活于山区,长期的山地训练可以提高平衡和谐的训练计划中的速度耐力、力量、速度、柔韧性和技能等'S'因素"。(3)Bartonietz,K[40](2003)认为"肯尼亚运动员出色的耐力成绩可以解释为遗传、环境和文化影响的完美结合,他们在更高强度下训练,较少注重训练量,训练周期划分特点是大小负荷之间的变化很大。另外,肯尼亚运动员吃含大量碳水化合物的食物,而不是脂肪和蛋白质丰富的食物"。(4)Mayes, R.E[41](2005)在其著作中对肯尼亚中长跑的有关研究进行了更为广泛和详尽的回顾,他提出"肯尼亚绝大多数的优秀长跑选手都来自于42个部落中的吉古尤、坎巴、卡兰津和基斯等4个部落,研究人员将肯尼亚选手成功的原因总结为刻苦训练、基因上的天赋、全球化和文化这几类。在他的书中可以看出,肯尼亚中长跑的成功是由一个混合体促成的,包括生理、文化、历史、心理和训练等相关因素"。他山之石可以攻玉,众多学者对非洲和中国中长跑成功经验的研究,为我们进行我国女子长跑项目青少年运动员基础训练的研究提供了大量文献资料和思路上的启发,对研究的开展具有极大的参考价值。

  国外有关中长跑运动损伤、营养摄入和恢复的研究较多。(1)Millard-Stafford,M[42](1997)提出"与摄入水的运动员相比,在训练前和训练中摄入含有碳水化合物及电解质的饮料的运动员明显提高了15km跑最后1.6km的成绩"。(2)Anderson,O[43](1998)的研究提出"'绝对最佳非跑步练习'是蹬固定自行车,排在第二三位的是楼梯式登山机和深水跑,因为它们可能加剧现有的损伤,如胫骨疼痛、膝关节痛和髂胫带综合症"。(3)Grant, L[44](2000)等在其研究中提出"最近的研究显示,终身患有腰痛的运动员要高于47%,长跑运动员腰痛患者中60%有慢性发病症状、30%的腰痛会引起臀部疼痛、43%的腰痛会引发腿部疼痛。特定条件下,赛跑运动员腰痛加重的诱病因素是与补偿策略的功能受到干扰相联系的,如低稳定性、肌肉不平衡、虚弱、疲劳以及跑动过程中施加在脊柱上的任何负荷增长和性质改变"。(4)Pöhlitz,L[45](2000)在对中长跑运动员训练和比赛恢复的研究中提出"恢复包括足够的睡眠、按摩和其他理疗措施、专项营养、负荷的系统性变化、每年1—2个阶段(每个阶段1—2周)的完全或积极性恢复"。(5)Mayer,F[46](2001)提出"近几年来,参加长跑的人越来越多的患有典型的、训练引起的骨骼肌肉系统疾病,赛跑运动员的损伤率为30%。流行病学研究显示,参加长跑的人跟腱、膝关节、腰椎下部、足底腱膜和胫骨前缘受到影响较大,大多数病例,采用功能性、本体感受导向性训练、跑鞋和足弓垫的最优化、对训练模式的适应、对指标的依赖、局部或全身性止痛消炎所构成的物理疗法已经被证明是有用的"。(6)Lowes,D[47](2004)在研究中说明了中长跑运动员过度拉伸会增加产生伤害的可能性,并且提出了中长跑运动员进行灵活性、专门练习、力量和柔韧性练习时,需要注意的一些重要因素。(7)Nieuwenhoven, M.A[48](2005)认为"在凉爽条件下完成18km跑时,饮用运动饮料后所取得的成绩不比饮用矿物质水后的成绩高。与水相比,18km跑时饮用运动饮料所引起的上或下消化道疾病的发病率较高。加入咖啡因的运动饮料对跑的成绩或胃肠没有影响"。中长跑项目青少年基础训练正处于运动员发育的敏感期和发展的关键时期,运动中的预防损伤、营养摄入和恢复措施的保障显得尤为重要,因此,国内外相关方面的研究成果对我们进行女子长跑项目青少年基础训练中的预防损伤、营养摄入和恢复等训练相关支持措施的研究具有重要的参考价值。

2.2.2 儿童和青少年田径运动的研究

儿童和青少年田径运动是一个广泛的、多元化的主题。本书中有关儿童和青少年田径运动研究的文献资料,主要获取途径是直接和间接[49]查阅1976—2009年的《IAAF New Studies in Athletics》(《国际田联田径运动新研究》)、德国联邦体科所体育文献数据库(SPOLIT数据库,www.bisp.de)、加拿大体育文献数据库(SPORTdiscus数据库,www.sirc.ca)、部分私人图书馆等。

关于儿童和青少年田径运动的研究,包括1976—2009年发表的共118篇文章,包括:国际田联在儿童和青少年田径运动中的地位(7篇);一般项目和专项领域中的运动员选材、鉴别和发展(16篇);各国有关运动员选材、鉴别和发展(20篇);中途退役(8篇);田径运动乐趣和改良(4篇);儿童和青少年的一般训练,尤其是力量训练(23篇);儿童和青少年早期专项化和基础训练的探讨(14篇);儿童和青少年身体发育和动作发展(10篇);儿童和青少年田径运动的成绩发展(3篇);儿童和青少年田径运动心理(8篇);儿童和青少年田径运动医学(5篇)等。下面,我们仅对与长跑项目运动员青少年基础训练研究密切相关的研究领域进行综述。

上述文章中,有关训练阶段划分和基础训练任务的研究较多。(1)Jurisma[50](1980)在其研究中提出"训练过程分为游戏性(7—10岁)、基础性(11—13岁)、建设性(14—16岁)、专门性(从17岁开始)四个阶段"。(2)Thumm[51](1982和1987)提出:少年儿童训练应按照如下结构进行:"9—14岁,基础训练,目的在于发展若干运动项目的一般动作意识,学习田径运动所有项目大致技术结构;15—19岁,建设性训练,目的在于单个专门竞赛项目的逐渐发展,或进行多个项目的专门化训练(十项全能、七项全能);19岁以上,高水平成绩训练,目的在于充分发掘运动员身体和心理能力潜力。"(3)Dempster[51](2005)提出:人才培养模式阶段分为:"基础训练阶段(8—12岁,训练年龄0年),这个时期的特征是活动具有趣味性,参与处于首要地位,不执行正式的训练课;为练而练阶段(13—16岁,训练年龄1—4年),这个时期重点是全面身体训练、基本技术技能训练、基础辅助能力训练(准备活动、整理活动、柔韧性和恢复)等内容;为胜而练阶段(17岁以上,训练年龄9—12年)"。从众多学者的研究中可以看出,有关训练阶段的划分标准并不一致,这也正反映了儿童和青少年生长发育的个体差异性和阶段性等特点,造成了在训练实践中训练计划制定的复杂性和多变性。但是我们可以看到,各大致阶段的训练目的和任务基本上是一致的,这些为我们进行我国女子长跑项目青少年运动员基础训练的研究提供了参考,我们将根据我国青少年女子长跑运动员的特点来展开符合我国国情的青少年女子长跑基础训练研究。

从上述文章中可以看出,有关早期专项化和基础训练的研究是国际上儿童和青少年田径运动研究的热点。(1)Markus,D[52](1976)认为"13—18岁的少年应当学习新技能和享受乐趣。12—16岁的少年进行大强度的专业化训练,结果可能是出现严重的问题"。(2)Dick,F[53](1980)提出"比赛成绩长期发展的基础是运动员具有合理的技术模式,具有基本的一般力量、灵活性和耐力训练背景。在年轻运动员(女8—15岁,男8—17岁)的训练中,合理技术模式的发展拥有优先权。女8—11岁和男8—13岁这一年龄段可以进行多种技术的教学"。(3)Baumann,I等人[54](1996)提出"很多德国中长跑运动员采用极大负荷进行训练,但是成绩却没有相应提高,他们几乎都没有经历过田径'基础训练'阶段。对成功的前长跑运动员研究显示,他们所参加的比赛距离覆盖面很广,越野跑通常被视为中长跑运动员必须参加的项目"。(4)Grund,M等人[55](2006)认为"年轻运动员过早专业化训练和大强度专项训练将导致成绩过早停滞,并且会由于运动损伤而引起中途退役"。由此可见,"专项化不能太早"是国际上公认的观点,而我国学者早在20世纪90年代初就提出了这一观点,但是训练实践中的拔苗助长现象到目前为止仍然让人担忧。因此,针对我国目前长跑项目青少年运动员基础训练中存在的早期专项化问题,我们将在国内外学者的研究成果的基础上做更深入的研究,提出符合我国实际的合理化对策和建议。

针对早期专项化的问题,国际上众多学者们又进行了竞赛制度和运动员发展计划的相关研究。(1)Busse, G. et al[56](1998)提出"英国田径运动娱乐赛的概念已经吸引了很多人,比赛以团体的形式进行,这一方法有助于避免早期专业化训练"。(2)Chimier,J[57](2000)的研究中提到"中国学者冯树勇认为国际田联举办世界少年田径锦标赛的弊端是使教练员和运动员为了在比赛中取得优异运动成绩,会不惜任何代价地开始某一单项的专项化训练,或者只是把精力放在提高成绩上。这可能会产生很多问题,成为这些运动员未来发展的障碍,国际田联应该将参赛运动员年龄限制在16－17岁,低于此年龄的人不允许报名参赛"。(3)Sanderson,L等人[58](2003)提出"早期专业化以及为取得成功而制定要求过高的比赛计划将不利于发掘运动员的全部潜力,产生运动发展的难题。他提出了建立初级计划、应用发育和发展知识、解决乐趣问题并提供适宜的比赛计划等策略"。(4)Gozzoli,C等人[59](2006)提出"儿童田径比赛不应该只是成人比赛的比例模型,非标准化容易导致早期专业化训练,这显然是与儿童所需要的协调发展相悖的。他认为田径游戏能够为儿童提供充分利用田径运动得到益处的机会,如健康、教育和自我实现"。从众多学者对于早期专项化引发的问题,以及针对竞赛制度和运动员发展计划所提出的建议,我们能够在调查和实证研究的基础上,结合长跑项目特征和我国实际情况,对青少年田径运动竞赛体制的改革进行研究,以期从制度层面上来解决我国青少年长跑运动员训练中的早期专项化问题。

有关长跑项目青少年运动员训练的研究不多见。(1)Niekerk,O. van[60](2002)在其研究中提出"青少年耐力运动员的培养必须基于以下几个方面:①需要考虑年龄的特点,探讨体能发展的不同最优阶段;②需要依据体能发展的按比例分配原则;③需要合理安排训练方法的顺序,建立身体基础和技术基础;④需要组织有趣的、快乐的训练过程"。(2)Larry Green 等人[61](2004)在其著作中通过"跑的研究、发育高峰期、青少年生理学、最大营养供给、冠军心理学、最佳技术、训练和比赛计划、基础训练、跑的专项训练、构建计划、安排训练、评价计划"等十余个章节对青少年长跑运动员的训练进行了阐述,他提出的"青春期之前进行有限训练、考虑个体差异、重视初学者的一般身体素质训练、循序渐进的增加训练负荷、循序渐进的加长比赛距离、重视心理素质训练、重视培养正确的技术、关注自我完善、不要损害健康、增加乐趣"等十个发展原则对我们的研究有启发性的意义。以上学者对长跑项目青少年运动员训练的研究,为我们开展我国女子长跑项目青少年运动员基础训练的调查和实证研究工作提供了一定的思路和指导方针,具有一定的参考价值,我们将在此基础上进行更加深入的研究。

3 研究对象、方法和技术路线

3.1 研究对象

在对我国女子长跑项目青少年运动员基础训练的研究中,经过对长跑项目和代表省份进行审慎的确定,我们所研究的长跑项目应该包括3000m、5000m、10000m;问卷调查的对象主要为2009年的北京体育大学全国少年(16—17岁)田径选拔赛、全国青少年(16—19岁)田径锦标赛(江西宜春)、全国中学生暨体育运动学校田径锦标赛(四川南充)、国家中长跑项目奥林匹克高水平后备人才训练营(陕西西安)等四项赛事,以及山东省体校中那些处于基础训练阶段或者刚刚经历过基础训练阶段的长跑队员及其执教教练员;经查阅2004—2008年的成绩情况,选取跟队追踪调研的优势省份为山东省,优势运动队为山东省体校长跑队和山东省体工队长跑队。

3.1.1 长跑项目的确定

中长跑运动项目的演变,从1896年第一届奥运会仅有的800m、1500m和马拉松三项,到1996年第26届亚特兰大奥运会女子3000m改为女子5000m,从而实现了男女设项的并轨,期间经历了巨大的变化。

查阅我国有关中长跑的专著,其中,对男子长跑项目包括5000m和10000m的定义,有较为一致的看法,但有关女子长跑项目的定义则较为混乱。李晓东、谭智平等[62]学者在其有关中长跑的专著中,提出"女子 3000m、5000m、10000m 属于长距离跑";李杰晨、王立成[63]则认为"现代奥林匹克运动会,女子长跑竞赛项目为 5000m、10000m";文超[64]主编的 2003 年版《田径运动高级教程》中的分类较为准确,书中认为"成人女子长跑项目包括 5000m、10000m。而 3000m 属于少年甲组男女中距离跑项目"。

因此,我们可以认为 1996 年第 26 届亚特兰大奥运会后,中长跑项目基本上稳定下来并保持至今,其项目具体分类详见表8。奥运会项目分类中,中跑项目包括男女 800m、1500m,长跑项目包括男女 5000m、10000m,超长跑项目为男女马拉松。

表 8　中长跑项目分类表

类　别	性　质	项　目	地　点
奥运会	中　跑	男女 800m、1500m	场　地
	长　跑	男女 5000m、10000m	
	障碍跑	男女 3000m	
	超长跑	男女马拉松 42.195km	
非奥运会	公路赛跑	10km、15km、20km、半程马拉松、25km、30km、100km、马拉松接力	公　路
	越野赛跑	男 6km、12km 青年男子 4km、8km 女 4km、8km 青年女子 4km、6km 少年男女 4km	山地、草地

同时,从"2009 年全国青少年(16—19 岁)田径锦标赛"和"2009 年全国中学生暨体育运动学校田径锦标赛"的项目设置中(表9),我们可以看到,比赛的设置并没有和奥运会的项目的设置相吻合,除了青年男子甲组(18—19 岁)设置了 5000m 和 10000m 外,其他所有的组别均设置了 3000m(体校甲组除外),并取消了 10000m。可见,考虑到青少年的年龄和生理特点,大部分项目在

设置上均降低了级别,在青少年的训练和竞赛中,3000m 可以列为长跑项目对待。

此外,表 1、表 2 和表 3 中的历届奥运会、世锦赛长跑项目奖牌和前八名统计结果显示,我国长跑项目所有奖牌和前八名均为女子。并且由于我国男子长跑项目成绩一直较差,在中国田径协会田径字[2009]266 号"关于组织国家田径队集训选拔的通知"的文件中,集训项目明确规定为"女子长跑、马拉松",未组建男子长跑国家集训队。

综上所述,本研究的研究对象将界定为女子长跑项目青少年运动员基础训练,结合奥运会长跑项目设置和我国青少年及中学生田径锦标赛长距离跑项目的设项,以及实际研究的需要,所研究的长跑项目应该包括 3000m、5000m、10000m 三项。

表 9　2009 年全国青少年和中学生暨体育运动学校田径
锦标赛长跑项目设置一览表

项目	全国青少年(16—19 岁)田径锦标赛				全国中学生暨体育运动学校田径锦标赛			
	男		女		男		女	
	青年甲组(18—19)	少年乙组(16—17)	青年甲组(18—19)	少年乙组(16—17)	体校甲组	乙组	体校甲组	乙组
3000m		√	√	√	√	√	√	√
5000m	√		√		√			
10000m	√							

3.1.2　代表省份的确定

运动成绩是训练水平的客观反映,某一省份的长跑项目运动成绩长期保持较高水平,就必然证明该省份在长跑项目上具有明显的优势,这个项目必然具有较高的训练水平。因此,我们在对我国女子长跑项目青少年运动员基础训练的研究中,就要选择具有长跑项目整体优势的省份来进行调查和跟踪调研研究,因为长跑项目整体优势省份在训练的管理、实施和评价等各个环节必然具有一定的代表性,能够代表我国这一项目的水平。通过与我国长跑训练大纲及世界长跑项目优势国家青少年运动员基础训练各方面的比较研究,就能够找到我国女子长跑项目青少年运动员基础训练中存在的问题,为我国女子长跑项目的科学化和可持续发展提供理论依据。

从前述选题依据和文献综述部分的研究中,我们可以看到我国青少年运动成绩和成年运动成绩表现存在着极大差距,且众多学者提出了我国青少年基础训练中存在着诸多问题(竞赛制度、早期专项化等),因此,一个项目青少年时期的优势省份并不一定是该项目成年成绩优势省份,甚至有可能出现倒置的情况,青少年运动成绩优势省份能否作为研究的代表性省份还值得商榷。因此,我们在研究中仅对成年长跑项目成绩进行统计,以确定合适的长跑项目整体优势省份作为调查和追踪调研的对象是较为合适的。

将2004—2008年的全国田径5000m、10000m和马拉松等三个项目前20名成绩(资料来源于《田径》杂志)进行统计(表10),统计出各省份长跑项目总分值和频次作为研究变量。统计过程如下:(1)成绩按21、19、18、17……4、3、2、1的标准进行赋值,统计出总分。(2)前20名进入1人,频次记作"1",进入2人,频次记作"2",统计出频次。(3)积分相同时,频次高的省份排名靠前。(4)表中数字代表积分和频次,优势省份仅显示前6名。(5)统计出男子和女子5000m、10000m和马拉松三个项目优势省份;之后,将三个项目进行合计,统计出男子和女子长跑优势省份;最后,将男子和女子长跑优势省份进行总计,统计出我国长跑项目整体优势省份。

统计结果显示,我国男子长跑项目优势省份(前6名)分别是云南、山东、甘肃、内蒙古、青海和江苏;女子长跑项目优势省份(前6名)分别是辽宁、甘肃、江苏、山东、火车头体协和河北;我国长跑优势项目省份(男女综合后前6名)分别是云南、山东、甘肃、辽宁、江苏和内蒙古。从统计结果来看,云南省是我国男子长跑项目的绝对优势省份,辽宁省是我国女子长跑项目的绝对优势省份,但是云南省女子长跑项目以积分146(20)仅排名第7位,辽宁省男子长跑项目以积分78(7)仅排名第10位,由此可见,云南和辽宁两省的男女长跑项目发展不均衡,不具有长跑项目整体优势。

表10 2004—2008年我国长跑项目优势省份统计表[①]

项目	优势省份排名					
	1	2	3	4	5	6
男5000m	云南 206(18)	山东 197(22)	江苏 121(11)	内蒙古 120(9)	甘肃 96(11)	青海 47(4)
男10000m	云南 296(21)	山东 192(19)	内蒙古 109(10)	青海 85(7)	甘肃 77(10)	江苏 60(6)
男马拉松	云南 223(20)	甘肃 186(14)	青海 130(9)	吉林 98(8)	山东 75(10)	内蒙古 75(9)
合计	云南 725(59)	山东 464(51)	甘肃 359(35)	内蒙古 304(28)	青海 262(20)	江苏 215(20)
女5000m	辽宁 210(23)	山东 144(11)	江苏 128(10)	甘肃 125(12)	火车头体协 96(6)	上海 56(5)
女10000m	甘肃 194(16)	山东 133(11)	辽宁 111(13)	火车头体协 87(6)	江苏 86(6)	北京 65(5)
女马拉松	辽宁 274(26)	吉林 108(10)	江苏 91(6)	解放军 86(5)	云南 81(11)	北京远中 70(8)
合计	辽宁 595(62)	甘肃 347(31)	江苏 305(22)	山东 280(24)	火车头体协 183(12)	河北 164(15)
总计	云南 871(79)	山东 744(75)	甘肃 706(66)	辽宁 683(69)	江苏 520(42)	内蒙古 349(31)

---

① 骆学锋.我国长跑项目竞技后备人才群体分布特征研究[J].山东体育科技,2013(02).

而山东省男子长跑项目为全国第 2 优势省份,山东省女子长跑项目为全国第 4 优势省份;甘肃省男子长跑项目为全国第 3 优势省份,甘肃省女子长跑项目为全国第 2 优势省份。由此可见,山东省和甘肃省的男、女长跑项目都具有明显的优势,且发展较为均衡。而我国长跑项目优势省份的最后综合排名中,前 6 名分别为云南、山东、甘肃、辽宁、江苏和内蒙古,山东省长跑项目的综合实力排名要略高于甘肃省。

此外,由于山东省为全国十一运会举办省,其必然会在各项目的发展上更加重视,进行更多的投入;山东省体校长跑队和省体工队长跑队都在山东省体校院内进行训练,场地、设施等资源可部分共用。

综上所述,在选择我国女子长跑项目青少年运动员基础训练研究的调查和跟队调研对象时,在云南、山东、甘肃、辽宁、江苏和内蒙古等我国长跑项目优势省份中,我们排除男女发展不均衡、不具备整体优势的云南和辽宁,选择综合实力略高于甘肃的十一运会东道主山东省体校长跑队和省体工队长跑队作为我国长跑项目的整体优势代表性省份是合适的,对其进行调查和追踪调研能够反映我国女子长跑项目青少年运动员基础训练中存在的问题。

3.2 研究方法

3.2.1 文献资料调研法

通过北京体育大学图书馆、清华大学图书馆、国家体育总局田径运动管理中心、国际田联北京地区发展中心、中国期刊网、国际田联网站、中国田径协会网站等途径检索和搜集相关著作、数据、文献(国内 1990—2009 年,国外 1976—2009 年),主要包括训

3 研究对象、方法和技术路线

练理论、研究方法、运动成绩、优势和潜优势项目、后备人才选材和培养、基础训练、国际田联少儿田径、中长跑训练、运动损伤和营养恢复、协调能力和血乳酸等国内外研究的相关资料。对资料进行反复研读，熟悉研究的现状和趋势，为研究的开展奠定理论基础和现实依据。

3.2.2 问卷调查法

首先，确定我国长跑项目青少年运动员基础训练研究的基本框架和内容后，经过查阅资料，初步设计出研究的调查问卷，一共包括青少年运动员问卷、青少年运动员执教教练员问卷、优秀现役和退役运动员问卷三个部分。其次，先后进行两轮的19位专家访谈（表11），其中，教授9人，副教授5人，高级教练员5人。最后，在专家意见的基础上，对调查问卷作进一步的修改完善。

表 11 问卷访谈专家表

姓 名	职 称	职 务	工作单位
陈小平	教授、博士生导师		北京体育大学
李少丹	教授、博士生导师		北京体育大学
胡 杨	教授、博士生导师	北京体育大学科研中心主任	北京体育大学
袁作生	教授、博士生导师		北京体育大学
王 林	教授、硕士生导师		北京体育大学
何庆忠	副教授、硕士生导师		北京体育大学
孙 南	教授、博士生导师	北京体育大学教务处处长	北京体育大学
章碧玉	副教授、硕士生导师		北京体育大学
曲淑华	副教授、硕士生导师		北京体育大学
熊西北	副教授、硕士生导师	北京体育大学出版社副社长	北京体育大学
尹 军	副教授、硕士生导师		首都体育学院
郑念军	教授、硕士生导师	山东省体科所副所长	山东省体科所
高松山	教授	体育学院院长	洛阳师范学院
张文普	教授	体育教育系主任	洛阳师范学院

续表

姓　名	职　称	职　务	工作单位
潘玉波	高级教练员		山东省体校
王占魁	高级教练员		山东省体校
张跃进	高级教练员		山东省体校
肖红艳	高级教练员		山东省体校
王佃香	高级教练员		山东省体校

问卷确定后,就问卷的内容和结构征求专家意见,63.2%的专家认为问卷效度高,26.3%的专家认为问卷效度较高,10.5%的专家认为问卷效度一般,表明问卷具有较高的效度(表12)。问卷信度测量使用"分半信度法"确定问卷信度,分半信度系数值为0.81,证明其具有较好的信度水平。

表 12　问卷效度评价结果　(n=19)

教授	副教授	高级教练员	高	较高	一般
9	5	5	12(63.2%)	5(26.3%)	2(10.5%)

分别在2009年4月25－26日北京体育大学全国少年(16－17岁)田径选拔赛、2009年6月26－29日全国青少年(16－19岁)田径锦标赛(江西宜春)、2009年7月14－19日全国中学生暨体育运动学校田径锦标赛(四川南充)、2009年7月8－20日国家中长跑项目奥林匹克高水平后备人才训练营(陕西西安)中,以及2009年5－7月山东省体校跟队追踪调研期间进行问卷发放与回收(表13),共发放问卷500份,回收460份,回收率92%,有效问卷430份,有效率93.5%。其中,教练员问卷70份,回收66份,剔除无效问卷3份,有效率95.5%;运动员问卷400份,回收365份,剔除无效问卷26份,有效率92.9%;优秀现役和退役运动员问卷30份,回收29份,剔除无效问卷1份,有效率96.6%。通过这些问卷调查,可对我国长跑项目青少年运动员基础训练的相关问题进行研究。

表 13　调查问卷发放与回收情况统计表

对　　象	发放份数	回收份数	回收率	有效份数	有效率
青少年运动员执教教练员	70	66	94.3%	63	95.5%
青少年运动员	400	365	91.3%	339	92.9%
优秀现役或退役运动员	30	29	96.7%	28	96.6%
合　　计	500	460	92%	430	93.5%

3.2.3　个案研究法

以 2009 年 7 月 14—19 日在四川南充举行的全国中学生暨体育运动学校田径锦标赛为比赛期,选择 2009 年 5—7 月内的 8 周的时间,作为比赛的一般准备期和赛前准备期。于 2009 年 5 月 8 日至 7 月 11 日,在山东省体校对长跑项目进行为期 8 周的跟队追踪调研。

追踪调研内容主要如下:(1)详细记录训练的课次、时间、内容、方法手段、训练量和强度等安排;(2)进行心率、血乳酸、协调能力等测试;(3)与教练员访谈,了解运动队管理、训练、运动员学习等细节,取得了年度训练的详细计划等资料;(4)对场馆、设备、医疗、恢复、营养等训练等相关配套设施进行观察、记录。

3.2.4　实证研究法

在追踪调研期间,分别取得了运动员心率、血乳酸和协调能力等指标,为我国女子长跑项目青少年运动员基础训练的研究提供实证依据,下面将具体过程简述如下。

选取山东省体校长跑队典型训练课,如有氧训练、专项训练等课次,进行全程的心率遥测,采用的仪器为芬兰生产的 Suunto 心率遥测表。在为期 8 周的跟队期间,共取得 29 人次的典型训练课全程心率指标,为训练强度的监控和评价提供了依据。

在追踪调研期间,共进行 2 次 4×2000m 多级递增负荷试验的血乳酸测试,采用的仪器为美国生产的 Sport－line EKF (DIAGNOSTIC)型乳酸分析仪,为确定运动员的个体乳酸阈、有效监控和评价运动员有氧训练水平和有氧训练效果提供了依据。

分别对山东省体校少年长跑运动员 50 人和山东省队优秀青年长跑运动员 29 人进行协调能力测试,为研究长跑项目青少年运动员基础训练阶段的协调能力提供了依据。测试方法为反复横跨,在平地上画三条平行线,两侧平行线距中线的距离分别为 50cm。受试者两脚骑跨中线站立,膝微屈,听到"开始"口令后,右脚先向右横跨,变为骑跨右侧线,然后左脚向左横跨,变为骑跨中线,之后左脚再向左横跨,变为骑跨左侧线,最后右脚再向右横跨,骑跨至起始中线,作为一个周期,如此循环往复。每跨过一条线得 1 分,一次往返横跨得 4 分,记录 20s 横跨过线的次数。应注意受试者每次横跨是否到位,不得出现交叉步、跳步、踩线,违反规则者此次横跨不计分。

3.2.5 数理统计法

运用 Excel2003 和 Spss13.0 对调查问卷、追踪调研、测试指标等内容进行统计分析。通过统计调查问卷中我国女子长跑项目青少年运动员执教教练员指导思想、训练方法手段及运动员学习、训练现状等内容来进行定性研究;通过统计我国长跑项目青少年运动员基础训练全面身体训练、技术训练、专项训练、多项训练等内容,以及训练负荷量和强度等安排来进行定量研究;通过心率、血乳酸和协调能力等指标的统计分析为研究提供实证依据。

3.3 研究技术路线

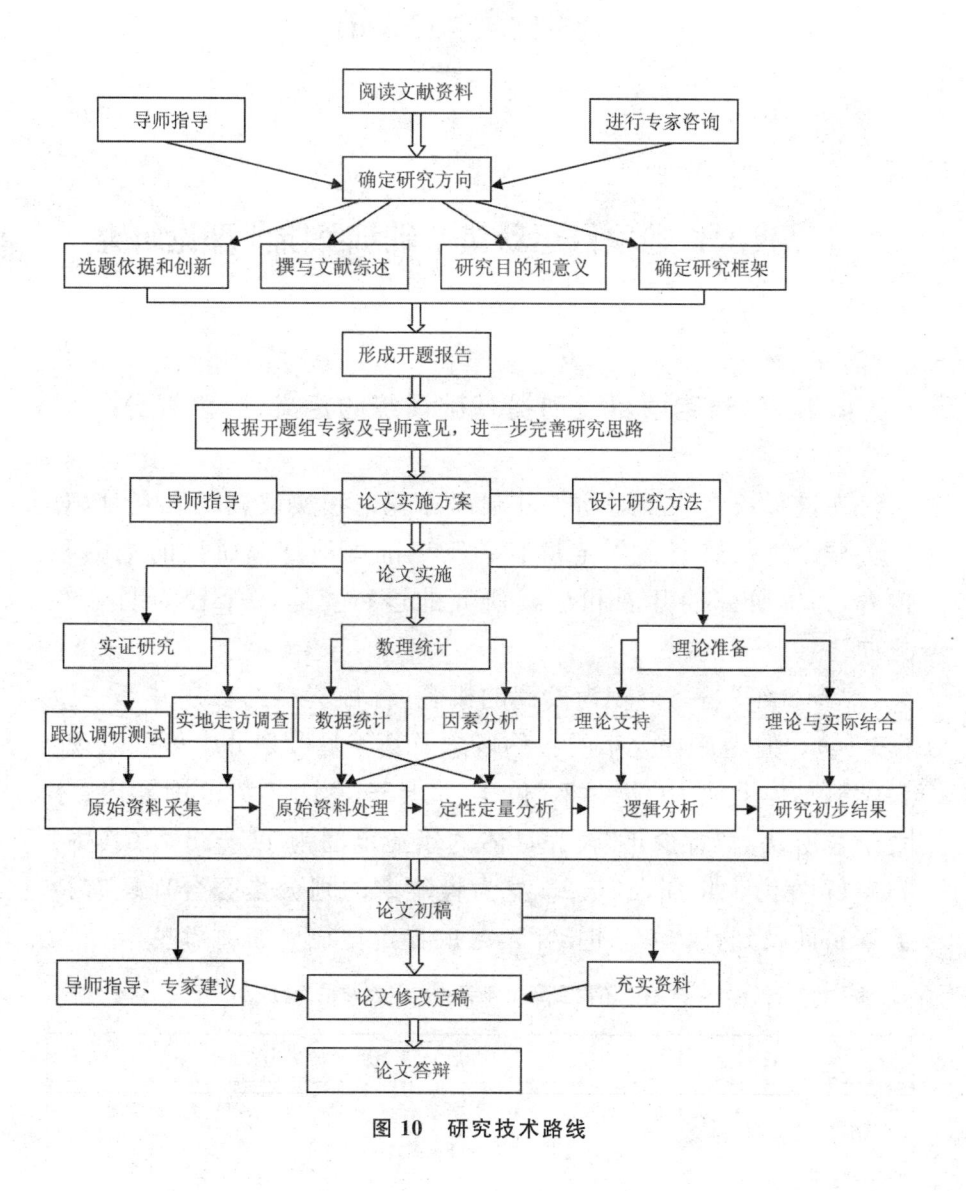

图 10 研究技术路线

4 结果与分析

4.1 我国长跑项目运动员基础训练阶段理论研究

4.1.1 长跑项目运动员基础训练的定义、阶段划分

在进行长跑项目运动员基础训练理论和实证调查研究时,对相关概念进行研究和界定将有助于更准确地把握研究的范围和内容,为本研究的开展和后续研究的进行奠定一个较为明确的方向。

"青少年"是一个较为模糊的概念,各种资料的表述并不一致(表14)。但是从青少年的各种概念及其年龄段划分中可以发现:各学科总体上认为"青少年"位于10—30岁的年龄范围之内;体育学科所认为"青少年"较为具体的年龄范围为11—25岁(其中,11—17岁为少年期,18—25岁为青年期的划分是否合理还有待商榷);涉及到具体学科时,年龄段的界定往往更加确切些。

表14 不同资料关于青少年年龄段的划分

工具书	青少年年龄段的划分
《现代汉语辞海》[65]	指人11、12岁至30岁左右这一阶段(少年:12、13岁至15、16岁;青年:15、16岁至30岁左右)
《体育科学词典》[66]	11、12岁至15、16岁为少年期,16、17岁至23、24岁为青年期

续表

工具书	青少年年龄段的划分
《运动生理学》[67]	根据生长发育的规律以及形态、生理和心理特点来划分，13—17岁为少年期，18—25岁为青年期
《人体解剖生理学》[68]	世界卫生组织提出"青春期是指10—20岁这一年龄段，男孩进入青春期比女孩晚1—2年，各国具体情况有所差别"
《运动心理学》[69]	少年期指11、12岁至14、15岁，青年期指14、15岁至25岁左右

"基础"一词在辞海中的释义为："事物发展的根基。"[65]在我国训练学教材中只提出了基础训练阶段的主要任务、年限、训练重点内容和顺序、负荷特点等，并未明确给出基础训练的定义。较为明确的是我国学者陈效范在其1995年的研究中将田径基础训练定义为："运动员在进行专项训练之前，先进行一段时间的系统的全面身体训练和基础体力训练，同时结合进行基本技术、心理和智力训练，使他们既能健康成长，又能具备基础的体能和技能，为将来攀登运动成绩高峰从小打下坚实的基础。"[27]从这个定义可见，他是将基础训练作为一个前后衔接的时期来看待的，而不是简单把基础训练看作一成不变的时间阶段。

有关基础训练阶段划分的国内外主要研究如下：欧洲田径联合会Curt högberg[70]研究认为"青少年在田径运动中最关键的阶段是在他们13—15岁"；我国《运动训练学》中[71]也提出"基础训练一般为3—5年，成人项目从14—16岁起进入专项提高阶段"。此外，《国际田联青少年计划》[72]中建议"7—12岁进行少儿田径的基本技能学习，并认为7—12岁是培养田径兴趣、成就动机、多项协调能力，打好全面身体基础的全面训练阶段"；陈效范[27]将田径基础训练时期划分为6—9岁、10—12岁和13—14岁三个阶段。结合表14中青少年的概念及其年龄段划分的研究，对国内外有关基础训练时间段划分的研究进行综合分析，可见11—16

岁(男)和 11—14 岁(女)训练阶段是少年和青年阶段训练的一个衔接阶段;其之前的 7—11 岁阶段可以作为青少年运动员全面训练阶段;我国学者对青少年长跑运动员基础训练阶段的年龄段划分,和国际上的研究是比较一致的。

此外,我国学者许世岩在其专著《中长跑运动方法学》中也提出"我国中长跑全程性多年训练较为重视后 4 个阶段,忽视第 1 个阶段,即基础训练阶段",并认为"中长跑运动员开始专项训练阶段,男子为 16 岁,女子为 14 岁。中长跑男子运动员应把 11—16 岁作为基础训练阶段,女子运动员应把 11—14 岁作为基础训练阶段"(表 15)[73]。

表 15　中长跑全程性多年训练的阶段划分

区间性多年训练阶段	基础训练阶段	初级专项阶段	专项提高阶段	最佳竞技阶段	竞技保持阶段
		国家二级	国家一级	国家健将级	国际健将级
开始训练年龄	男女约为 11 岁	男:16 岁 女:14 岁	男:18—21 岁 女:16—18 岁	男:22—27 岁 女:19—27 岁	男:28—33 岁 女:28—36 岁
年限	男:5 年,女:3 年	2 年	2—3 年	6—9 年	6—9 年

此外,有关长跑项目初级专项训练阶段和专项提高阶段年龄段划分的研究如下:《全国青少年奥运项目教学训练大纲:田径》中把 16—17 岁定为长跑项目初级专项阶段,18—20 岁定为长跑项目专项提高阶段[74];许世岩提出"中长跑运动员专项提高阶段,男子为 18—21 岁,女子为 16—18 岁"。综合上述研究结果,长跑项目初级专项阶段,男子应为 16—18 岁,女子应为 14—16 岁;长跑项目专项提高阶段,男子应为 18—21 岁,女子应为 16—18 岁。

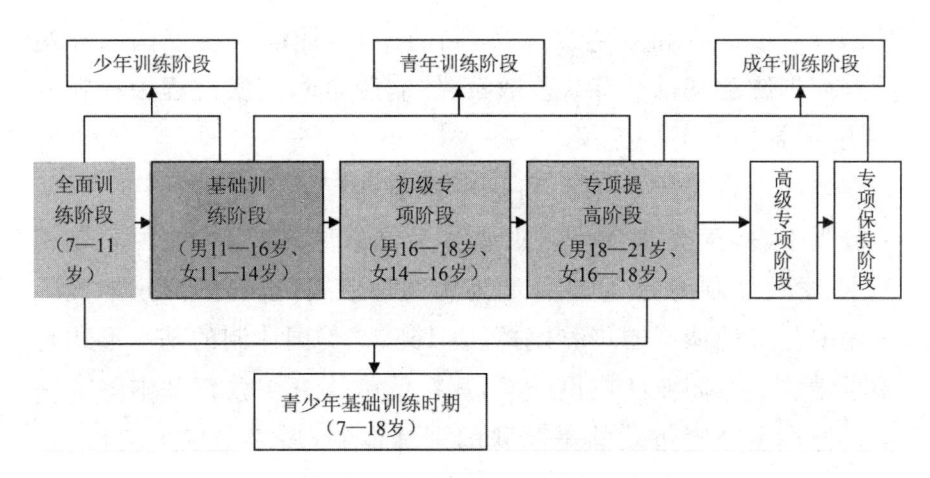

图11 青少年长跑运动员基础训练的阶段划分（深色部分）

综上所述（图11），可以把青少年长跑运动员基础训练时期（7—18岁）划分为少年和青年两个训练阶段。且少年训练阶段包括全面训练（7—11岁）和基础训练两个阶段；青年训练阶段包括基础训练、初级专项训练（男子16—18岁，女子14—16岁）和专项提高训练（此阶段为青年训练阶段和成年训练阶段的交接阶段，男子18—21岁，女子16—18岁）三个阶段。成人训练阶段包括专项提高训练、高级专项训练和专项保持训练三个阶段，其年龄段划分男子为21—33岁，女子为18—36岁。本书所要研究的女子长跑运动员基础训练阶段应为少年训练阶段和青年训练阶段的交接阶段，其年龄段应该是11—14岁。

4.1.2 国内外基础训练阶段训练、竞赛体制的比较研究

少年儿童全面训练阶段和青少年基础训练阶段的早期专项化问题早已经被各国学者所关注，并出现了大量的研究成果。目前，国际上公认的观点是"专项化训练不能太早"，而且如前所述 Gozzoli 认为"非标准化容易导致早期专业化训练"。因此，各国均制订了田径运动基础训练阶段训练和竞赛的政策和体制，以保证田径运动的正常、健康发展，通过和国外田径运动发达国家基

础训练阶段训练和竞赛政策、体制的比较,能够找出我国田径运动全面训练和基础训练阶段政策、体制制定和落实过程中存在的问题,并提出有益的建议。

我国学者对国外训练和竞赛体制进行了一定的研究[75][76]。从分类来看,竞技体育体制主要分为俱乐部模式为主、国家体制为主、学校体制为主、职业体制为主四种形式,也有的国家如美国采用的是多种体制的培养模式(表16)。"美国体制的基本形式是中小学、大学、职业队或俱乐部,其特征是体育与教育基本融为一体。原民主德国仿效的是苏联的训练体制,后来吸取了美国、日本的经验,建立了学校体育团体—青少年集训点—专项训练中心—体育寄宿学校—俱乐部的训练体制;目前,德国主要采用的是俱乐部制。日本的体制同美国有类似之处,可大略分为学校和社会两种形式的体育俱乐部"。从上述美、日、德三国的竞技体育体制来看,"均采用的是以一种形式为主,多种形式并存的多轨制;尤其是将学校体制纳入竞技体育人才培养的渠道,将体育与教育相融合;由小学、中学到大学,由学校、企业到社会,形成了完善的网络;多种训练方式、体制对竞技体育和少年儿童的培养无疑具有显著的作用"。

表16 竞技体育体制类型

体 制	特 征	代表性国家和地区
俱乐部模式为主	会员制,自愿原则,自组织结构	西欧国家:如德国
国家体制为主	国家主导,体教分离	东欧国家,亚洲:如中国
学校体制为主	以学校为主,教育为重,体教结合	美国,加拿大,英国,日本
职业体制为主	商业,经济效益	美国,加拿大,澳大利亚

改编自:Dan Couele"Principles and Practice of Sport Management"

我国的竞技体育体制采用的是"少体校、青年队、专业队(职业队)"的传统三级训练体制,模仿的是苏联的"少体校—专项少体校、寄宿体育学校、专项训练中心—高级运动技术学校—国家训练基地"的衔接形式。在体育全球化的今天,这种体制的弊端越来越明显地显现出来了[76][77][78]:体育与教育在体制上脱节,学习与运动在目标上冲突,各层次运动员的出路不明朗、不顺畅,造成了我国竞技体育后备人才规模和选材覆盖面不大;体制失控,竞技体育异化现象日益严重,造成竞技体育价值和功能单一化,权利过度集中,体育资源逐渐向高端相应集中,中心密度加大,而社会化程度降低;这种缺乏"自身造血功能"的计划经济时代的体制导致各种训练层级之间不是以运动员的最终个人发展为目标,影响了运动水平的提高;各种社会利益群体之间的互相牵制,在对学校体育的影响和社会效益的影响方面均大打折扣。

深化体育体制改革,实现和谐发展,这是中国体育全面崛起之必要,"后奥运时代,中国竞技体育应进入一个各门类均衡发展的阶段"(白耀东)[79]。王保成等[80]学者(2002)提出"在我国当前的多级训练体制下,田径运动后备力量培养存在着各层次培养目标系统性不强、后备力量培养渠道比较狭窄、运动员的运动训练与文化课学习之间的矛盾较为突出、业余训练淘汰率高等问题";李红艳等[81](2002)也在"我国竞技体育后备人才培养现状"的研究中提出:人才的培养模式正处于单轨制模式到多轨制模式的转变过程中,目前后备人才培养仍存在许多问题,主要表现在体制、资金、普及和社会保障等几个方面";而陈广[82]则在其研究中更为明确地提出"我国在田径项目后备人才培养过程中'拔苗助长'现象的出现与青少年田径运动员淘汰率偏高的客观现实,都充分反映了我们的竞赛制度与训练体制存在着严重的问题,这种状况必须予以相应的调整,有必要进行相应的赛制改革"。由此可见,我国的竞技体育体制由举国体制的单轨制向多轨制模式的改革已经是势在必行,由于受到经济、文化、政治等各方面因素的影响,改革必然是一个有计划、有步骤、渐进的过程。

表 17　我国青少年竞赛年龄分组演变

年　份	年龄分组
1979	针对各项——少年甲组:17 岁以下,少年乙组:14 岁以下(足、篮、排、乒、羽为 15 岁以下),儿童甲组:12 岁以下,儿童乙组:10 以下。
1992	针对各项——少年甲组:16－17 岁,少年乙组:13－15 岁,儿童组:8－12 岁。
2009	田径项目——青年甲组:18－19 岁,少年乙组:16－17 岁,中学甲组:18 岁以下,中学乙组:15 岁以下,体校组:18 岁以下。

从 1979 年 3 月 29 日国家体委、教育部公布实施的《全国学生体育运动竞赛制度》,到 2009 年的全国青少年(16－19 岁)田径锦标赛和全国中学生暨体育运动学校田径锦标赛,我国青少年竞赛年龄分组几经变动(表 22)[83]。从表 17 中可以看出,在 20 世纪 90 年代以前我国的竞赛年龄分组中设置有儿童组比赛,而在 2009 年的全国青少年(16－19 岁)田径锦标赛中,并没有专门设立儿童组的比赛,参赛年龄也有所提高,这说明有关部门已经意识到需要通过竞赛制度来约束运动员在更小的年龄段参加竞技性比赛。

但是,在青少年基础训练阶段存在的"拔苗助长"和"早期专项化"问题是由来已久的,从 1956 年人民体育出版社出版的《体育译丛》第 11 期刊登了纳基(苏)著的"论提早专项化"的文章起,我国体育论坛首次出现了这一提法。

针对早期专项化问题,我国学者提出了许多有益的建议,如早期专项化的根源是指导思想有问题,训练理论和竞赛制度不完善,以及缺乏全面评价少年训练质量的标准等[8];我国相当一部分教练员对基础训练阶段的目的和任务缺乏战略观念,指导思想上不明确,少儿田径竞赛制度、项目设置、奖励制度不尽完善与合理[28];早期训练必须以全面基础训练为主[84],应该着重发展总体竞技能力中的"一般竞技能力"、耐力竞技能力中的有氧耐力、速度竞技能力中的全部能力、力量竞技能力中的快速力量,以及协调能力(尤其是一般协调能力)和各种心智能力。

针对早期专项化国外学者也进行了较多的研究:"少年训练应当学习新技能和享受乐趣,大强度的专业化训练,结果可能会出现严重的问题,如成绩过早停滞,因运动损伤而引起过早退役等;2005年国际田联为7—15岁的青少年制定了全球性的田径运动政策,通过团队和游戏等项目和组织的创新使少儿田径充满乐趣、促进健康和发展团队合作精神;在早期传授全能项目时,让人们取得进步是最重要的,通过团队比赛的形式,有助于避免早期专项化训练"[52][55][56][59][85]。

综上所述,国内外学者针对早期专项化的原因和对策展开的各种研究,整体观点是:早期专项化有一定的合理成分,但是专项化不能太早;基础训练指导思想不明确和缺乏系统性,竞赛制度不完善与不合理是过早进行专项化训练的根源;基础训练阶段应该以全能项目训练和团队多项比赛形式为主,培养乐趣、促进健康发育和个人发展;应该根据年龄段中素质的敏感期有选择的发展一般竞技能力、有氧耐力、速度能力、快速力量、协调能力和运动员心理能力。

在基础训练的具体实践中,国外一些田径运动发达国家的少儿田径训练开展情况值得我们学习(表18)[28][70]。总结其经验,大体上为:以全能和多项训练为主;制定青少年运动员多年训练计划,在训练大纲中对教练员任务进行明确规定;改革竞赛体制和奖励制度,并进行相应的器材规则改革等。

表18 田径运动发达国家少儿田径训练开展情况

国　家	少儿田径训练开展情况
德　国	少儿田径训练不急于追求单项成绩,而是打好牢固基础,以全能训练为主;从1973年开始停办全国中学生运动会,而改为全能全国青少年运动会,从竞赛体制和奖励制度上迫使教练员和少儿运动员必须掌握多项运动技术和训练方法;设立青少年儿童的训练科研机构,探索成绩年龄规律。
美　国	体育运动在中小学大为普及,大约有400万男少年和30万女少年参加25个项目的田径基础训练;把中小学作为培养奥运选手的初级阶段。

续表

国　家	少儿田径训练开展情况
苏联	在少儿运动员训练中,主要通过全能多项训练促进其身体协调发展和运动水平的不断提高;在男女少年中分别开展十项和七项全能项目,对器械和规则进行改革;并对青少年时期教练员和运动员的主要任务进行了明确规定。
罗马尼亚	男女少年运动员在14岁前均不允许参加任何单项比赛,只进行少年多项训练和少年全能训练。
古巴、波兰、日本	制定有少儿田径运动员多年训练计划。

因此,在我国青少年运动员的基础训练中,虽然制定有《中国青少年田径教学训练大纲》,但是其落实情况并不尽如人意,应该借鉴国外田径运动发达国家的经验,有计划、有步骤地开展我国田径运动基础训练工作。综上所述,我国基础训练改革应该重视如下方面:(1)对单轨制的竞技体育人才培养模式进行改革,探索体教结合等多轨制的培养模式;(2)加大对青少年基础训练的投入和科研力度;(3)对青少年参赛年龄进行规定,并对竞赛制度(项目设置、积分办法等)进行改革;(4)取消不必要的少儿单项田径比赛,制定多项和全能训练计划;(5)改革奖励制度和导向,通过多项全能项目开展以及运动员掌握基本技术、身体发育、个人教育情况来考察少体校基础训练工作,从根本上解决年龄造假行为;(6)通过专项成绩不同阶段的增长比例和规律研究,在大纲中对相关素质进行规定和限制,避免"竭泽而渔";(7)改革以成绩为考核标准,而以向上一级输送人才数量为主要业绩和职称考核标准。

此外,吴贻刚等[86](2002)研究提出"青少年体育训练和竞赛组织模式的一些局部性制度改革与创新,尚不足以彻底改变原来存在的深层次及带有根本性的问题。由此提出了以培养社会兴趣和"横向联系"为结构关系的组织模式,并提出了社会共同需要、社会效益最大化和法制等改革原则";董官清等[87](2002)则提醒我们"任何一种竞技体育人才培养模式的形成都不是偶然的,它必然植根于某种教育理念或文化价值观,竞技体育人才培养是一项系统工程,要根据本国文化传统与体育价值取向选择合理的培养模式,不要盲目攀比或简单复制"。这提示我们,在进行基础训练研究和改革时,要从更高层次上看待问题,重新审视体育资源的社会化和公平性、竞技体育多元化的价值和功能,以避免"头痛医头,脚痛医脚"的情况反复出现。

4.2 我国长跑项目青少年运动员及其执教教练员的调查研究

青少年长跑运动员及其执教教练员是基础训练活动的主体和主导,通过对青少年长跑运动员执教教练员进行抽样调查能够了解教练员的一般情况、训练指导思想、基础训练计划和细节安排等现状。此外,通过对长跑项目青少年运动员进行抽样调查能够了解我国长跑项目青少年运动员的一般情况、训练动机和基础训练细节等内容。

通过向国家田径运动管理中心进行行政查询和调研,获取了2005—2008年的田径运动员注册信息。由于基础训练阶段青少年运动员并未在田径运动管理中心进行注册,而且专项还不明确,因此,在此仅针对曾经经历过基础训练阶段的并且已经在国家田径运动管理中心注册了的部分长跑项目运动员和教练员进行抽样调查研究。

4.2.1 我国长跑项目青少年运动员执教教练员的调查分析

4.2.1.1 我国长跑项目青少年运动员执教教练员的一般情况调查分析

长跑项目青少年运动员执教教练员是开展基础训练活动的主导者,他们的数量、年龄、学历、职称等一般情况,以及知识结构等整体素质情况是基础训练开展质量的重要保障。由于难以获取全国性的长跑项目青少年运动员执教教练员数量等一般情况资料,在此对63份有效的长跑项目青少年运动员执教教练员问卷进行分析研究。

表19、表20、表21和表22分别为我国长跑项目青少年运动员执教教练员年龄、学历、职称和执教年限等一般情况分布表。

表19 我国长跑项目青少年运动员执教教练员年龄分布情况

年龄(岁)	<30	31—40	41—50	>51	合计
人数(人)	3	24	29	7	63
%	4.8	38.1	46	11.1	100

表20 我国长跑项目青少年运动员执教教练员学历分布情况

学历	研究生	本科	大专	中专	合计
人数(人)	5	43	15	0	63
%	7.9	68.3	23.8	0	100

表21 我国长跑项目青少年运动员执教教练员职称分布情况

职称	国家级	高级	中级	初级	合计
人数(人)	3	12	34	14	63
%	4.8	19	54	22.2	100

表22 我国长跑项目青少年运动员执教教练员执教年限分布情况

执教年限(年)	<5	6—10	11—20	>21	合计
人数(人)	13	28	16	6	63
%	20.6	44.4	25.4	9.6	100

表19是我国长跑项目青少年运动员执教教练员年龄分布情况,统计结果显示,84.1%的长跑项目青少年运动员执教教练员处于31—50岁的年龄段。这说明我国长跑项目青少年运动员执

教教练员具备良好的身体条件和社会知识、经验,处于年富力强的年龄段,其年龄分布是较为合理的。

表 20 是我国长跑项目青少年运动员执教教练员学历分布情况,统计结果显示,本科学历占 68.3%,而研究生学历仅为 7.9%,所有教练员均为大专以上学历。这说明我国长跑项目青少年运动员执教教练员群体以本科学历为主,基本上符合我国体育教练专业技术职务任职条件"初级(三级)具有中专以上学历、中级(一、二级)具有专科以上学历、高级(含高级和国家级)具有本科以上学历"的要求。但是具有高学历的教练员人数较少,这必然会限制教练员科研能力和理论水平的提高,因此,我国长跑项目青少年运动员执教教练员群体需要更多高学历人才群体的进入。

表 21 是我国长跑项目青少年运动员执教教练员职称分布情况,统计结果显示,具有国家级职称的占 4.8%,高级职称的占 19%,初中级职称的占 76.2%。而长跑项目基础训练阶段处于我国传统训练三级体制"少体校、青年队、国家队"的最低端,因此,在"举国体制"竞技体育资源向高端集中的情况下,这必然会限制长跑项目青少年运动员执教教练员人才群体质量的提高,绝大多数长跑项目青少年运动员执教教练员为初中级职称的统计结果正说明了这一点。这和左琼等[88]学者的研究"教练员分布存在'国平中多基层少'的情况,不利于竞技体育后备人才的培养,建议通过举国体制提高体育教练员资源配置效率"基本一致。

因此,我国长跑项目青少年运动员执教教练员的资源配置情况必须得到观念上的重视和政策上(目前高级教练员必须具备的条件"所培训一年以上的运动员八年后取得……前六名"的政策规定无疑具有良好的导向作用)的支持,此外,还必须对青少年基础训练阶段竞赛形式和奖励制度进行改革,在初中级职称的评聘中淡化竞赛权重,并设置正确奖励导向。

表 22 是我国长跑项目青少年运动员执教教练员执教年限分

布情况,统计结果显示,执教 5 年以下的占 20.6%,6－10 年的占 44.4%,11－20 年的占 25.4%,21 年以上的仅占 9.6%。执教年限在 10 年以下的长跑项目青少年运动员执教教练员占 65%,虽然这在一定程度上是符合人才成长规律的。但是,运动训练是一个理论和实践不断反馈调整的过程,因执教年限较短、经验的缺乏必然会在一定程度上影响训练质量和水平,且青少年基础训练阶段是决定运动员成年后职业生涯高度的关键阶段,其重要性和国家队层面的训练是一样的。因此,必须通过政策的偏重和导向,来吸引具有丰富执教经验的教练员进入长跑项目青少年运动员执教教练员人才群体。

此外,对我国长跑项目青少年运动员执教教练员性别调查中,结果显示男性为 82.5%,女性为 17.5%,男性在长跑项目青少年运动员执教教练员中居多,这可能和我国这一行业的职业观念有一定关系,具体到女子长跑项目青少年运动员执教教练员的性别因素有待于进一步研究。

对我国长跑项目青少年运动员执教教练员以往运动经历的调查结果显示,65.1%的长跑项目青少年运动员执教教练员均为专业运动员出身,仅有 11.1%的教练员为体育院系学生出身,其他 23.8%的也属于体育院系进修性质。"教练员必须有专业运动员经历"这种观念也许是我国的特有现象,导致了从事体育理论研究的体育院系研究生很难进入教练员行业。而尹军[89]提出"优秀教练员必须具备专项和运动训练学等核心知识,运动生理学、运动心理学、运动技能学和体育教学方法等专项基础知识,体育测量学、遗传学等选材知识,体育保健学、运动医学和营养学等保健知识,以及哲学、教育学、外语和计算机等辅助性知识",而我国的三级训练体制中的"体教分离"状况则很难保证教练员获得这些知识体系的现实条件。这说明,我国长跑项目青少年运动员执教教练员必须在其选用根源上逐步进行改革,从而打破非运动员出身的人很难进入教练员行业的任用"瓶颈",满足完善教练员知识结构的客观条件,从而提高教练员的整体素质。

4.2.1.2 我国长跑项目青少年运动员执教教练员基础训练阶段指导思想调查分析

《现代汉语辞海》[90]对"理念"一词的解释有两条：一是"看法、思想。思维活动的结果"，二是"观念（希腊文 Idea）。通常指思想。有时亦指表象或客观事物在人脑里留下的概括的形象"。而 Idea 一词的英文用法却有十余条。无论是汉语的用法，还是英语的用法，"理念"实际上就是我们对某种事物的观点、看法和信念。而青少年运动员执教教练员基础训练阶段的指导思想通常包括执教理念、与运动员的交流、对运动员的评价等诸多观念方面的内容。通过对青少年运动员执教教练员基础训练阶段指导思想的调查研究，能够了解教练员的指导思想现状和存在的问题，使长跑项目青少年运动员基础训练保持在正确的方向上。

在长跑项目青少年运动员执教教练员对《田径教学训练大纲》的看法、基础训练的重要性、工作目的、违禁药物的态度调查中，所有的教练员均认为有必要执行《田径教学训练大纲》；绝大多数（93.7%）的教练员认为基础训练比较重要；而对违禁药物的态度所有的教练员均持反对态度。从统计结果来看，绝大多数教练员的态度都是积极正面的，说明长跑项目青少年运动员执教教练员对在基础训练中执行《田径教学训练大纲》、杜绝违禁药物是持绝对支持态度的。

在对长跑项目青少年运动员执教教练员执教目标的调查中，61.9%的教练员的工作是以完成任务为目的，38.1%的教练员的工作是以社会责任和完成任务为目的；23.8%的教练员执教目标是向上输送人才，41.3%的执教目标是在比赛中取得好名次，34.9%的执教目标是队员能进入大学深造。大部分的教练员工作以完成任务为目的，在一定程度上说明长跑项目青少年运动员执教教练员的工作积极性并不是很高；仅有23.8%的教练员是以向上输送人才为目标，而大部分教练员的执教目标是为了运动员出成绩和升学就业，这在一定程度上说明了长跑项目青少年运动员执教教练员的执教目标存在偏差和短视行为。执教目标的偏差,以成绩和完成任务为目标,往往会造成在基础训练实践中违背《田径教学训练大纲》、冒险使用违禁药物等与上述所调查的教练员立场不符的现象发生。因此,"成功的教练员必须坚守'运动员第一,比赛第二'的理念"[91],我们需要在青少年基础训练政策和奖励导向上加以引导,使长跑项目青少年运动员执教教练员保持较高的成就动机水平,把向上输送人才和从职业生涯全程角度来保证青少年运动员基础训练阶段最优化训练为执教目标。

在对长跑项目青少年运动员个人发展的调查中,发现65.1%的教练员认为运动员很少取得全面发展,仅有35.9%的教练员认为运动员有一定的全面发展;与运动成绩相比,63.5%的教练员认为运动员的文化学习同等重要;57.1%的教练员认为文化学习对运动训练有较大影响。从调查统计结果来看,大部分长跑项目青少年运动员执教教练员对运动员的全面发展程度是不满意的,大部分教练员比较重视运动员的文化学习,但又认为文化课对运动训练有一定影响。潘前[76]的研究提出"我国运动员教育程度很低,出路不畅;美国多数运动员通过高等教育,出路畅通",在一定程度上印证了此处的调查结果,正说明了我国长跑项目青少年运动员的受教育状况较差,全面发展程度远远不够,虽然教练员在观念上比较重视青少年运动员的文化学习,但是在训练实践中却对文化学习持排斥和可有可无的态度,现存的局面是"说起来重要,做起来次要,忙起来不要"。虽然目前的"体教结合"等局部改革在一定程度上为运动员接受高等教育提供了渠道,但是体制上的"体教分离"状况从根源上导致了运动员全面发展的两难境地。因此,教练员必须对长跑项目基础训练阶段的青少年运动员的文化学习和全面发展足够重视,保持运动员各方面的能力的提高,这对解决运动员的就业和后顾之忧,提高运动员的文化素养和运动智能,促进青少年运动员的社会性和全面能力发展均有重要作用。

"教练员恰当地向运动员袒露自己有助于更好地了解自己,

更进一步发展自己的理念,并与运动员建立信任的关系。通过语言和行为与运动员分享自己的理念,将有助于运动员发展自己的理念"[91],由此可见,教练员和运动员之间的信任和交流,以及对运动员的评价等,对于长跑项目青少年运动员执教教练员执教目标和思想的建立与实现具有重要的意义。

在对教练员和运动员之间的信任和交流,以及对运动员评价的调查中,发现所有的教练员均对青少年运动员的成长持信任态度,但有44.4%的教练员持信任态度但是不表示出来;所有的教练员希望运动员比赛时自己在场,60.3%的教练员会非常希望在场;84.1%的教练员能够一直对运动员一视同仁;68.3%的教练员会引导运动员共同决策;58.7%的教练员和运动员沟通情况一般;49.2%教练员采用的是"灌输"的沟通方式;90.5%的教练员能够激发运动员的训练动机。

从统计结果来看,所有的教练员能够对青少年运动员的成长持信任态度,但是将近半数的教练员采用的是信任但不表示出来的沟通方式,这种单向的信任将不利于运动员自信心的建立,教练员需要将信任及时表达出来以激励运动员;虽然教练员对青少年运动员的成长持充分的信任态度,但是所有的教练员都希望运动员比赛时自己在场,向运动员透露这种信息意味着不完全信任的发生,这对于青少年运动员独立参赛心理能力的培养是不利的;绝大多数的教练员能够对运动员一视同仁,能够和运动员共同决策,并激发运动员的训练动机,且较多采用的是"灌输"的沟通方式,这说明教练员能够和运动员进行平等沟通,但是调查结果显示超过半数(58.7%)的沟通情况一般,这说明教练员应该把握青少年运动员的个体心理差异,采用灌输、提问、倾听相结合的方式来因人施教,这样可能会取得更好的沟通效果。

"顺从型的执教只是保姆工作,等于放弃了教练员的职责;命令型的执教容易掩盖教练员自身能力的不足,导致民主参与的无法运转,容易压制运动员的动机,阻碍了运动员充分享受比赛和取得最佳表现;而合作型执教使运动员学习设定自己的目标,并为这些目标而努力奋斗"[91]。因此,长跑项目青少年运动员执教教练员应该根据不同的运动员个体心理差异,排除顺从型和命令型的执教风格,而选择合作型的执教风格。采取合作型执教风格的教练员更加信任运动员,对他们的自我意象具有积极效应;能够促进教练员和运动员之间关系的开放性,增强沟通和激励。教练员应该在运动员需要的时候发出命令和给予指导,而且知道何时让运动员自己做出决策和承担责任;在日常训练中注意培养运动员独立处理压力,适应变化的情境的能力,使运动员能够从长远的观点看待比赛,服从纪律和保持专注;采用积极的、言行一致的、信息量大的的沟通方式,改进非口头的语言沟通方式,并且学会倾听;通过外在的物质奖励和内在的对自我价值实现的奖励来激励运动员,能够使运动员保持最佳的唤醒水平,体验到自我实现的快乐。

4.2.1.3 我国长跑项目青少年运动员执教教练员基础训练阶段计划、管理和过程调查分析

青少年运动员基础训练是一个特殊的阶段,和其他训练阶段一样,基础训练阶段训练的系统性和科学性同样不容忽视。特别针对长跑项目来说,制定系统的基础训练计划,在基础训练过程中选择恰当的训练方法、手段、恢复和营养措施,在经费、设施等管理方面给予充分的保障,使运动员生理机能、技术水平和心理素质等几个方面获得最大发展,运动能力在特定限制下实现最优化的实践基础。因此,通过问卷调查、访谈和实地考察等方式对长跑项目青少年运动员执教教练员基础训练阶段计划、管理和过程等方面展开研究,能够了解我国长跑项目基础训练阶段训练的系统性和科学化现状,为基础训练理论和实践的发展提供依据。

4.2.1.3.1 我国长跑项目青少年运动员执教教练员基础训练阶段计划和管理调查分析

在对我国长跑项目青少年运动员执教教练员基础训练计划

制定的调查中,统计结果显示:大部分教练员阅读青少年训练理论的情况不甚理想(39.7%为一般,28.6%为不是很经常),41.3%的教练员没有制定多年训练计划,但93.7%的教练员制定有年度训练计划,所有的教练员均制定有课时训练计划。

笔者通过教练员访谈和山东省体校的实地考察,发现教练员除了完成科研任务之外,很少主动阅读青少年训练理论,其原因主要是少年体校的资料室建设较为薄弱、科研氛围不够和培训机会较少。因此,针对这种情况,体校应该以制定政策和创造条件来鼓励教练员结合训练进行科研工作,还应加强资料室建设或者与兄弟单位联合进行资源共享,并定期组织教练员进行针对性的培训和研讨活动,以提高教练员的科学化训练水平。

教练员多年训练计划制定的情况较差,说明他们对基础训练阶段的重要性认识不足和对训练系统性的漠视,访谈中大部分教练员认为多年训练计划难以把握,自己只是在头脑中简单有个多年训练计划,并没有详细地落实下来,也没有根据训练的实际情况和运动员的个人发展状况不断进行调整。这将导致长跑项目基础训练的极大盲目性,且必然会造成训练质量低下和淘汰率增加。

教练员年度和课时训练计划制定情况较好,绝大多数教练员能够根据年度周期情况安排训练计划,制定出年度训练负荷和目标计划。但是从访谈和实地考察来看,教练员课时训练计划落实的情况存在一定的问题,如教练员所制定的课时训练计划大多是用来应付检查和存档,在训练课中实际上是根据经验和感觉来安排训练内容,并没有依照上一层级训练计划经过慎重考虑制定出详细的课时训练计划,然后在落实中遵循大体内容,并根据实际情况进行课时训练的微调。在训练科学化和精细化程度日益提高的今天,课时训练计划制定的这种情况,必然会导致课时和长期训练负荷的失控,造成训练安排的重心偏差和运动员发展状况的盲目性。因此,管理部门应该加强教练员的培训,提高教练员的理论素养,使其认识到真实训练计划等档案材料对于运动员的基础训练阶段和长远发展的重要性,并采取措施和投入人力、物力,对训练计划的制定和落实状况进行督导,从细节上把工作做好、做足。

在对长跑项目青少年运动员执教教练员对基础训练管理所持看法的调查中,统计结果显示:仅有22.2%的教练员认为经费能维持队伍的发展,其中,大部分经费来源于体育局或协会的专项拨款和学校专项拨款;92.1%的教练员认为场地质量一般或较差,仅有少数教练员认为本单位场地能满足训练需求。

在山东省体校的实地调研过程中,发现省体校训练的保障方面的调查结果也让人担忧。由于场地条件限制,塑胶场地要以保证省队的训练为主,省体校的长跑队员只能在煤渣跑道中进行一般性的训练,专项训练要安排在省队训练的空余(夏季13:30—15:00)到塑胶跑道上进行;力量训练的设施也要以省队训练为主,省体校的长跑队员的力量训练得不到保证;山东省体科所的科研人员主要为省队服务,省体校的长跑队的训练中很少有科研人员的参与。

随着现代竞技体育的发展,高科技在训练和比赛中的作用越来越大,这就要求训练和比赛中要有充足的资金和完善的场地设施作保证。通过对我国长跑项目青少年运动员执教教练员的调查和实地调研,可以看出我国各体校在青少年基础训练的经费投入和场地设施等基本硬件保障方面还不能满足需求。我国学者卢元镇[77]提出我国竞技体育存在的问题之一是"体育资源逐渐向高端相应集中,中心密度加大,而社会化程度降低",此处的调查结果也正印证了这一点,目前的体制下,相对于国家队层面的资金投入和设施条件,处于低端的青少年基础训练中所能分配到的资源就比较少了,这种管理中厚此薄彼的情况,必然会影响到我国长跑项目青少年基础训练的质量。此外,从调查结果来看,大部分体校的经费来源于体育局或协会、学校的专项拨款,相对于国外职业体育的经费主要来源于企业和社会赞助而言,我国这种计划式的"举国体制"模式,必然会造成社会资源的内耗,并影响到竞技体育的可持续发展。

因此,在我国长跑项目青少年基础训练的管理中,一方面要对青少年基础训练阶段的作用重新审视,在政策的制定中重视起来,在经费的投入和配套设施的保障方面满足基础训练的需要;另一方面要逐步提高体育的社会化程度,引入国外先进的竞技体育管理模式,对我国体制的渐进性改革进行理论研究和实践的准备。

4.2.1.3.2 我国长跑项目青少年运动员执教教练员基础训练阶段方法和手段安排调查分析

在对教练员进行长跑项目基础训练方法和手段的调查中,按照教练员所选择的内容出现频次的情况进行排序,我国长跑项目基础训练中教练员所采用的方法和手段情况见表23和表24。其中,问卷中所涉及的各种方法和手段参考的是许世岩《中长跑运动方法学》和《全国青少年奥运项目教学训练大纲》等专著[71][73][74]。由于长跑项目基础训练阶段所采用的方法和手段多种多样,问卷中罗列的不可能包括所有的方法和手段,但是通过对我国长跑项目教练员在基础训练中所采用的方法和手段的情况进行调研,能够在一定程度上反映出教练员在安排方法和手段中的思路和其中存在的问题。

表23 我国长跑项目青少年运动员执教教练员基础训练阶段所采用的方法情况表

情况	方法
常用	持续训练法、重复训练法、间歇训练法、自然跑训练法、法特莱克法、比赛训练法、变速跑训练法等
不常用	循环训练法、变换训练法、马拉松训练法、三氧综合训练法、血乳酸训练法、低氧训练法、高原训练法等
从未用	模式训练法、程序训练法等

表24　我国长跑项目青少年运动员执教教练员基础训练阶段所采用的手段情况表

情　况	一般耐力	专项耐力	速度训练	力量训练	心理训练	恢复训练
常用	计时跑、长距离跑、越野跑、法特莱克跑等	间歇跑、长或短于专项距离跑等	行进间跑、加速跑等	轻器械、持哑铃摆臂等	模拟训练法	训练学、生物学、营养学等
不常用	重复跑、自行车等	重复跑、专项比赛或测验等	短距离重复跑、下坡跑	沙滩跑、上坡跑、负重跳、台阶跳等	转移注意法、自我暗示法、诱导法等	医学、心理学等

对我国青少年长跑运动员执教教练员基础训练阶段所采用的方法的调查进行统计(表23),结果显示:常用的方法为"持续训练法、重复训练法、间歇训练法、自然跑训练法、法特莱克法、比赛训练法、变速跑训练法等",不常用的方法为"循环训练法、变换训练法、马拉松训练法、三氧综合训练法、血乳酸训练法、低氧训练法、高原训练法"等,从未用的方法为"模式训练法、程序训练法等"。

对统计结果进行分析可见,第一,过程控制较为复杂精细,科技含量高,对客观条件要求高的训练方法采用的频率较低,如"三氧综合训练法、血乳酸训练法、低氧训练法、高原训练法"等科学化程度较高的方法。由于对配套监控测试仪器设施、过程周期所需经费等要求较高,体校一般不具备这些条件,就只能选择过程控制较为简单的训练方法,前述所调查的少年体校经费、设施的堪忧状况,就从客观上直接限制了训练方法的选用。第二,和长跑项目体能类耐力性特征不相符合的方法采用的较少,如不常采用"循环训练法、变换训练法、马拉松训练法"等方法,而"持续训练法、重复训练法、间歇训练法、自然跑训练法、法特莱克法、比赛训练法、变速跑训练法"等方法则经常采用。这说明长跑项目基础训练阶段所采用的训练方法的专项化倾向较为明显,教练员更乐意采用那些看似能有效提高体能的训练方法,而忽视了那些对青少年心理和全面发展有关键作用的多样化训练方法安排,正如Felix Suslov[92]在其研究中所提出的"基础训练阶段应该进行自然和多种多样的身体活动,儿童进行一些种类运动项目训练开始的时间越早,他的运动生涯将越短,儿童开始专门化训练越早,他的最高成绩保持阶段也将越短",这种训练方法学上违背规律的做法必然会限制青少年长跑运动员的发展。第三,青少年基础训练阶段长跑项目为3000m、5000m和10000m三项。另外,青少年处于生长发育期,需要适度的训练量,因此,有氧训练中并不需要距离过长的"马拉松训练法",这是合理的。第四,从未使用过程控制性的模式训练法和程序训练法,说明我国长跑项目基础训练中参考训练模式和程序范例的情况是薄弱环节,需要积极学习和借鉴长跑项目优势国家的青少年训练成果。

由此可见,在我国长跑项目基础训练阶段方法的采用中,首先,应该保证训练设施和经费等客观条件,如训练监测和评价的血乳酸以及低氧、高原训练等必需硬件,以满足教练员采用科学化和过程控制性较好的训练方法的需要;其次,教练员应该改变训练观念,根据基础训练特殊阶段长跑运动员发展的需要,采用多样化训练方法,避免过早专项化;最后,还需要参考借鉴长跑项目优势国家优秀运动员青少年基础训练阶段的训练方法,提高教练员和科研人员对训练方法的理解和创新能力。

对我国长跑项目青少年运动员执教教练员基础训练阶段中所采用的训练手段的调查进行统计(表24),结果显示:一般耐力训练中常用的手段为计时跑、长距离跑、越野跑、法特莱克跑等,不常用的手段为重复跑、自行车等;专项耐力训练中常用的手段为间歇跑、长或短于专项距离跑等,不常用的手段为重复跑、专项比赛或测验等;速度训练中常用的手段为行进间跑、加速跑等,不常用的手段为短距离重复跑、下坡跑等;力量训练中常用的手段为轻器械、持哑铃摆臂等,不常用的手段为沙滩跑、上坡跑、负重跳、台阶跳等；心理训练中常用的手段为模拟训练法，不常用的手段为转移注意法、自我暗示法、诱导法等；恢复训练中常用的手段为训练学、生物学、营养学等，不常用的手段为医学、心理学等。

在一般耐力训练手段的调查中，我国长跑项目教练员不常采用自行车这种手段。而据 Anderson, O[43]的研究"'绝对最佳非跑步练习'是蹬练习自行车。经研究反复证明，与使用任何其他练习器械相比，在固定自行车上练习的效果更好，它能有效提高运动员的体能。排在第二位的楼梯式登山机效果也不错，但它会加剧现有损伤，如胫骨疼痛、膝关节痛和髂胫带综合症。深水跑被排在第三位"。一般耐力训练无疑会对训练的量有较高的要求，而这将可能会对运动员的关节和肌肉造成损伤。因此，与"计时跑、长距离跑、越野跑、法特莱克跑"等常用的一般耐力训练手段相比，自行车练习在有效发展运动员有氧能力和心肺功能的同时，能够有效地降低运动损伤发生的几率，是一种不可多得的一般耐力训练手段。但是，从实地调研的情况来看，功率自行车这种训练设施，在省体校中也只能是作为科研的工具，要满足训练的需要还是远远不够的，而级别较低的体校中更不具备功率自行车训练的硬件设施保证，这说明经费和设施因素同样制约了长跑项目教练员基础训练中训练手段的选用。

在专项耐力训练手段的调查中，教练员经常采用长或短于专项距离跑，不常采用专项比赛和测验，这在一定程度上对青少年运动员基础训练是有利的。鲍曼和马洛夫的研究[51]提出"在德国青少年中长跑运动员中，少年时期极其艰苦的训练，却并没有在他们的成年运动生涯中表现出相应的高水平成绩。其原因是，他们过早地集中于跑的训练，忽略了参与较短或较长距离跑，以及越野跑的比赛"。由此可见，在长跑项目基础训练阶段经常采用间歇跑和长于或短于专项距离跑的训练，这对于青少年运动员的长远发展是较为有利的；而且，由于青少年生长发育的差异性，尽量减少采用比赛距离的竞争性训练手段，对于青少年运动员的心理和兴趣培养无疑具有重要的意义。在实地调研中,发现山东省基本上不支持青少年运动员参加大型比赛,而仅仅参加一些由企业赞助的规律性"登泰山"比赛,这种政策上的限制对青少年长跑运动员的成长和发展具有积极的作用。

在速度和力量训练手段的调查中,我国教练员不常采用下坡跑、沙滩跑、上坡跑、负重跳、台阶跳等这些利用自然环境的手段。而在鲍曼和马洛夫的研究[51]中提出"法特莱克训练法曾经在德国中长跑中非常流行,他们的许多训练内容是在起伏的乡间道路上完成的,这也自然的促进了力量、耐力等重要因素的发展。正是出于这种结合了根据实际情况而灵活调控的自然性,使训练成为一种不复杂和令人愉快的活动"。

Randy E. Mayes 也提出[93]"肯尼亚长跑成功的因素之一是自然选择:适应气候、海拔和田园生活方式。运动是肯尼亚人生活的一种方式,孩子们上学、回家一天要在高原上跑 10km,这种运动的生活方式不但会使他们产生坚硬的关节、韧带、肌腱,而且会从孩子到高中提供 10 年的基础"。

此外,根据实地调研和访谈,发现教练员较少采用上坡跑、下坡跑、台阶跳、负重跳等速度和力量训练手段的原因主要有两个:第一,进行这些训练需要到野外进行,来回会产生交通安全和组织问题,且训练缺乏教练员的监督,质量难以保证;第二,教练员认为长跑项目对力量素质要求较低,采用轻器械和场地跑就能够满足需求。

因此,根据上述国外研究成果和调研结果可见,长跑运动员基础训练阶段采用这些与自然环境相结合的跑跳等力量、耐力训练手段是非常重要的。天然的环境能够使青少年运动员在充满变化的环境刺激和乐趣中取得自然的发展,为专项训练阶段,及运动员的长远发展打下良好的基础。

在心理训练手段的调查中,结果显示:我国长跑项目教练员常使用模拟训练法,而不常采用转移注意法、自我暗示法、诱导法等。而青少年运动员无论是生理和心理都处于不成熟状态,需要教练员在训练和日常生活中运用多种多样的心理学和教育学手段来促进他们的个人全面发展,采用目的单一的针对比赛的模拟训练法,不利于运动员的个人全面发展和社会化程度的提高,尤其是运动员达到较高水平后,基础训练阶段中的心理训练的滞后将会影响到运动员职业生涯的高度。

我国学者王港[11]提出"对于女子长跑运动而言,运动水平发展到一定的程度,运动员的心理素质将有可能起到关键性的作用,在重大比赛中表现的尤为突出。相当一部分国家如日本、韩国等对女子长跑运动员的心理素质与意志品质的培养高度重视,他们在思想教育、生活行为、训练手段选用、针对比赛对手等方面均制定了较为详尽的培养方案,并会定期对运动员进行心理咨询与辅导,使运动员的心理品质不断得到提高。而我国女子长跑训练中,尚未形成系统的培养体系和有针对性的培养方案"。

由此可见,在基础训练阶段青少年运动员的心理和个人发展过程都有很大的可塑空间,教练员应该重视心理学和教育学在训练和运动员发展中的作用,通过各种心理学手段培养青少年运动员的自信和对田径运动的兴趣,并消除其训练中的消极情绪,培养良好的意志品质,这将会对运动员整个职业生涯的发展和个人潜力最大化的开发起到积极地支持作用。

4.2.1.3.3 我国长跑项目青少年运动员执教教练员基础训练阶段的恢复和营养安排调查分析

"没有恢复就没有训练,适时恢复是运动训练的生物学基础。常用的恢复手段有训练学、医学、生物学、营养学、心理学等"[71]。长跑属于体能主导类耐力性项目,因此,训练的恢复具有举足轻重的作用。

4 结果与分析

表 25 我国长跑项目青少年运动员执教教练员基础训练阶段采取的恢复措施情况表

情 况	方 法
常 用	加强合理作息管理、水疗(水浴、蒸气浴、盆浴)等、按摩、糖蛋脂等能量物质的补充等
较常用	变换训练内容和环境、交替安排负荷以及穿插轻松愉快、富于节奏性的练习手段等
一 般	理疗(紫外线、电刺激)等
不常用	维生素、微量元素、生化药物,服用中草药等
从未用	氧气治疗、气功生物反馈等、自我暗示放松训练和呼吸调整方法等

从调查结果来看(表25),我国长跑项目青少年运动员执教教练员基础训练阶段中常采用的恢复措施是加强合理作息管理、水疗(水浴、蒸气浴、盆浴)等、按摩、糖蛋脂等能量物质的补充等;较常用的是变换训练内容和环境、交替安排负荷以及穿插轻松愉快、富于节奏性的练习手段等;理疗(紫外线、电刺激)等使用的情况一般;不常用的是补充维生素、微量元素、生化药物,服用中草药等;从未使用的是氧气治疗、气功生物反馈等、自我暗示放松训练和呼吸调整方法等。

从常用的恢复措施的特点来看,这些措施能够和运动员生活紧密结合在一起,且对硬件条件要求不高。实地调研结果显示:山东省体校长跑队员安排的是先晨练后早餐,起床时间很早,因此宿舍管理能够保证自制力弱的青少年运动员有充足的休息时间;而水疗(水浴、蒸气浴、盆浴)等生物学手段也能够保证运动员在训练后的恢复;按摩等生物学手段往往被安排在力量训练之后使用,而且是运动员之间互相配对进行按摩,但因缺乏教练员的监督导致这种恢复手段往往流于形式;糖蛋脂等能量物质补充的营养学手段是最重要的恢复手段之一,也是日常生活中运动员和教练员最容易把握的。

较常用的恢复措施主要为训练学手段,如训练中承受较大的负荷决定了必须在训练过程中贯彻这种手段。"训练中变换训练内容和环境,交替安排负荷,调整训练间歇时间与方式,在训练课中穿插和采用一些轻松愉快、富于节奏性的训练手段;在恢复过程中进行轻微的肌肉活动,帮助肌肉和血液中乳酸更快地消除;根据人体生物钟的节律,安排好每天的训练时间,成为一种习惯性定型,节省神经能量,有利于机体的恢复"[94]。

一般或不经常使用的恢复措施主要为理疗(紫外线、电刺激)、补充维生素、微量元素、生化药物,服用中草药等医学手段;从未用的为氧气治疗、气功生物反馈、自我暗示放松训练和呼吸调整方法等。实地调研和访谈结果显示:这些医学恢复措施需要有一定的硬件条件做基础,但现有的医疗机构只能满足运动员伤病治疗使用,远远不能够满足训练恢复的需求;服用营养生化药物要承担一定的风险,对于学生身份的青少年运动员来说,在经济上也缺乏这方面的支持;基层体校由于处于竞技体育低端,软硬件条件匮乏,难以顾及心理学恢复措施等细节安排。

营养措施是恢复中的最重要因素之一,补充适当的营养,可以促进并提高训练质量,有助于减少运动员疾病和受伤的风险。通过问卷对青少年运动员执教教练员基础训练阶段中的营养措施进行调研,结果显示(表26):常用的为饮食品种变化、训练中补充水分和运动饮料等;较常用的为补充各种含维生素和矿物质的食物、补充碳水化合物、补充糖等;一般的为针对性补充营养成分、补充比特铁、补充恢复冲剂等;不常用的为根据训练内容调整饮食、根据训练比赛周期调整饮食、根据训练环境气候调整饮食等;从未用的为专职营养师调配饮食、进行科学运动营养的学习等。

表27 我国长跑项目青少年运动员执教教练员基础训练阶段采取的营养措施情况表

情 况	方 法
常 用	饮食品种变化、训练中补充水分和运动饮料等
较常用	补充各种含维生素和矿物质的食物、补充碳水化合物、补充糖等
一 般	针对性补充营养成分、补充比特铁、补充恢复冲剂等

续表

情　况	方　　法
不常用	根据训练内容调整饮食、根据训练比赛周期调整饮食、根据训练环境气候调整饮食等
从未用	专职营养师调配饮食、进行科学运动营养的学习等

通过调查和实地调研发现,饮食品种变化、训练中补充水分和运动饮料、补充各种含维生素和矿物质的食物、补充碳水化合物、补充糖等营养学措施和运动员生活结合紧密,仅通过日常生活就能够得到保证,山东省体校给予青少年运动员一定的伙食补助,运动员可根据自身经济条件选择伙食标准,食堂中自助餐的形式基本上能够满足青少年运动员全面营养的需要。

而针对性的营养措施缺乏,如补充营养成分、补充比特铁、补充恢复冲剂、根据训练内容调整饮食、根据训练比赛周期调整饮食、根据训练环境气候调整饮食、专职营养师调配饮食、进行科学运动营养的学习等,主要原因是:第一,由于经费的限制,青少年运动员基本上以食补为主,难以保证针对性的营养补充;第二,山东省体校和省队食堂是分开的,伙食标准有所差异,青少年正处于生长发育期,这种差异使青少年长跑运动员不能得到较好的营养补充;第三,管理食堂和安排训练比赛之间并没有直接联系,根据训练、比赛和环境变化调整饮食难以实现;第四,训练的系统性、科学化程度低,恢复的营养学因素得不到重视,专职营养师和科学运动营养的学习就难以保证。

Pöhlitz,L[45]的研究提出"在中长跑的训练和比赛中,恢复是一个重要部分,恢复包括:(1)足够的睡眠,(2)按摩和其他理疗措施,(3)专项营养,(4)负荷的系统性变化,(5)每年1—2个阶段(每个阶段1—2周)的完全或积极性恢复"。美国1964年10000m冠军比利·米尔斯的成功就和训练、营养、心理准备等因素分不开[95]。Swardt,A[38]提出"中国教练员马俊仁在全部训练阶段采用出色的营养恢复方法和全身再生支持方法(按摩、休息、心理放松和更多)是其成功的主要因素之一"。由此可见,基础训练中的恢复是一个综合性的过程,必须在训练学、生物学等方面,尤其是营养学方面给予充分的重视。运动员能够得到科学的营养学知识教育,在日常生活、训练和比赛期间的营养调配中坚持使用,就能够基本保证营养恢复的需要。

Bartonietz,L[40]提出"肯尼亚运动员吃含大量碳水化合物的食物,而不是脂肪和蛋白质丰富的食物"。在《运动耐力》中也提出[96]"耐力运动员短期营养中碳水化合物能够在长时间、对能量要求较高的运动项目中发挥着至关重要的作用"。因此,从长跑优势项目国家运动员的饮食和研究成果中可见碳水化合物在长跑运动员营养中的重要作用。

"训练时的能量大部分来源于脂肪和碳水化合物的氧化,强度越大就越依赖碳水化合物。碳水化合物在体内储存量少,只有充分摄取碳水化合物,才能保持一定水准的训练水平,达到最佳训练效果。如果碳水化合物在下一次训练前没有得到必要的补充,训练强度就必须降低而由此导致的结果是达不到训练要求。即使有大量的脂肪储备,也不能转化为碳水化合物,只有在饮食上补充足够的碳水化合物才能实现糖的再合成"[96]。由此可见,碳水化合物在长跑项目基础训练营养中的重要地位,建议运动员认识到每天摄取碳水化合物的必要性,并注意总能量的摄取中碳水化合物应占较大部分。《运动耐力》中提出[96]"可以通过正餐之间吃一些糖果、零食等来满足补充碳水化合物的需求,如补充蔗糖、果酱、蜂蜜、糖果、含糖高的饮料是方便、快捷地最佳补充碳水化合物的方式。同时,为确保微量元素的摄入量,饮食中大部分碳水化合物摄入形式应以丰富多样的食品为主,而不仅仅以单糖食品为主"。

长跑项目基础训练中水对运动员降温和体内代谢也起着至关重要的作用。相关研究提出:"与摄入水的运动员相比,在训练前和训练中摄入含有碳水化合物及电解质的饮料的运动员明显提高了15km跑最后1.6km的成绩"[42]"长时间训练结束前出现的疲劳主要是由于脱水和能源物质的耗竭。在下一次练习前,为确保运动员体内营养的全面恢复,有必要摄入额外的液体,以及摄入添加了额外盐(钠或氯化物)的食品"[96]。由此可见,摄入运动饮料(含有碳水化合物及电解质)是运动员训练前后和训练中补充水分的理想方式。

在长跑项目基础训练营养补充中,糖、脂肪、蛋白质三者的含量很重要,而糖类的作用是独一无二的。研究提出"赛前可以通过3－6天进行和比赛相似的运动,接下来2－3天摄入高糖膳食,从而让肌糖原储备达到最大值。而赛前一天的高糖晚餐膳食对于进行运动的肌肉益处较少,但可以提高肝糖原储备"[96]。另外,相关研究提出"运动前早餐的重要性则更大,而且最好在运动前2－4小时摄取,应该由易消化、低纤维的糖构成"[96]。由此可见,赛前3－6天高糖膳食对于肌糖原储量有着重要作用,赛前一天的高糖膳食对于肝糖原的储备更重要。在实地调研中发现,山东省体校晨练前是不吃早餐的,运动员在肝糖原储备不足的情况下训练,必然会动用肌糖原,从而会影响当天的后续训练质量,"早起空腹晨练"这种不合理现象在我国其他体校也存在,应该通过制定适当的管理措施来改变这种情况。

运动中补糖的相关研究还提出[96]:"通常推荐运动中每小时补充30－60g糖,相当于500－1 000毫升标准的运动饮料",这和我国运动生理学中的研究[97]"复水所采用的液体成分中应含有一定比例的糖类、无机盐类,以低渗液体为佳,并应注意少量多次。一般认为,补充糖的浓度不能超过25g/L,无机盐的浓度不应超过20g/L,每10－15分钟饮用150－250ml,6℃－12℃的低渗液体"基本一致。"运动中的运动员有口渴感觉时,机体脱水将约达到体重的2%,而糖摄取和实际吸收需要30分钟时间,因此,运动中要强制性饮水和提早估计体内糖的需求"[96][97]。而实地调研的情况是,和省队训练中配备大桶调制的运动饮料相比,省体校训练中青少年运动员补充水分和糖类的情况并不尽如人意,这要求教练员必须加强运动员运动营养知识的教育,使运动员认识到恢复和补充营养的重要性,从而共同提高基础训练的质量。

《运动耐力》研究提出[96]"运动结束后,糖原的储备速度在最初4小时内最快,也正是这个时间段,膳食糖的补充尤为重要。提早补糖能够加快启动恢复过程,如果需要在短期内继续进行运动,这种早期的补糖就会显示出明显的优势"。因此,从实地调研来看,省体校"一天两练"的模式,就对运动后及时的补充糖原储备提出了较高要求,只有加强青少年运动员科学化运动营养的教育,才能够使他们形成良好的饮食习惯和掌握正确的营养恢复策略,这对运动员的长远发展具有重要的意义。

4.2.2 我国长跑项目青少年运动员的调查分析

4.2.2.1 我国长跑项目青少年运动员的一般情况调查分析

4.2.2.1.1 我国优秀青年长跑注册运动员性别、年龄分布特征

在我国长跑项目基础训练阶段,由于大部分运动员专项并不是很明确,因此,运动员问卷的部分调查对象是那些经历过基础训练阶段刚进入初级专项阶段的青少年运动员。通过查阅2005—2008年《中国田径年鉴》,结合实地调研,并依照青少年长跑运动员基础训练的阶段划分,来了解和分析我国注册的一线田径运动员中青少年长跑运动员(男子16—21岁,女子14—18岁)的一般情况现状(表27、表28、表29)。

表27 2005—2008年我国男子(16—21岁)青少年运动员注册情况表

类别	2005	2006	2007	2008	$\bar{x}$	S
注册总数	2 172	2 801	3 364	2 635	2 734	492
16—21岁注册总数	1 714	2 335	2 738	2 015	2 200	438
长跑注册总数	194	179	279	257	227	48
长跑16—21岁注册总数	148	158	239	198	185	41

(单位:人)

4 结果与分析

表28 2005-2008年我国女子(14-18岁)青少年运动员注册情况表

类别	2005	2006	2007	2008	$\bar{x}$	S
注册总数	1 556	1 961	2 447	1 832	1 949	372
14-18岁注册总数	837	1 195	1 536	770	1 084	354
长跑注册总数	105	189	158	132	146	35
长跑14-18岁注册总数	88	85	82	47	75	19

(单位:人)

表27和表28统计显示,注册总数不同年份间离散度偏大,但从总体上来看注册人数是增加的;从注册情况来看,2005-2008年田径男子运动员注册人数均值为2734人,女子为1949人,不同年份间离散度偏大,田径男子运动员注册人数大大超出女子运动员人数;2005-2008年长跑男子运动员注册人数均值为227人,女子运动员为146人,不同年份间离散度不大,男子长跑运动员注册人数大大超出女子运动员人数;男子16-21岁青少年运动员注册人数均值为2 200人,占男子注册总数的80.1%,女子14-18岁青少年运动员人数均值为1 084人,占女子注册总数的55.6%,男女青少年运动员注册人数不同年份间离散度较大,注册人数中青少年运动员比例男子大大高于女子;男子长跑16-21岁青少年运动员注册人数均值为185人,占男子长跑注册总数的81.5%,女子14-18岁青少年运动员注册人数均值为75人,占女子长跑注册总数的51.4%,注册人数中青少年长跑运动员比例男子大大高于女子。由此可见,我国青少年女子长跑运动员群体波动较大,队伍稳定性差,女子注册人数大大低于男子;青少年女子长跑运动员在选择专项时存在着较大的盲目性,导致参与长跑项目的人数分布极不平衡。近年来,我国青少年女子(14-18岁)长跑运动员注册人数在逐年递减,直接威胁到我国潜优势项目的人才储备。

从我国田径运动员注册情况来看,其中2007年注册年龄限制最小为15岁,其他年份基本上均为16岁,导致了2007年注册的人数大大超出其余年份是原因之一;有调查表明,我国田径已获金牌中大部分为女子项目,注册人数男子大大超出女子是不符合田径项目战略重点的,我国长跑已获金牌全部为女子项目,而长跑注册总数中男子大大超出女子也是极其不正常的,需要引起田径管理部门的重视和宏观调控;青少年长跑运动员注册总数比例中男子大大高于女子,一方面说明女子长跑项目处于初级专项和专项提高阶段的运动员比例较低,进入成年训练阶段的人数比例较高,女子长跑项目后备人才年龄分布不合理,另一方面也是由于女子长跑项目中运动员进入初级专项阶段年龄较早,而注册年龄限制偏大,未考虑运动员性别差异造成的。

表29 2005－2008年我国长跑项目注册分布情况表

类别	2005	2006	2007	2008	$\bar{x}$	S
3 000m(男)	1	12	15	5	8	6
5 000m(男)	168	150	230	214	190	37
10 000m(男)	25	17	32	38	28	9
3 000m(女)	7	8	18	4	9	6
5 000m(女)	87	153	129	113	120	27
10 000m(女)	11	28	12	15	16	7

表29统计显示,14－18岁青少年长跑项目注册专项中绝大多数为5 000m,其中,男子占83.7%,女子占82.2%,而选择10 000m作为专项的男子仅为12.3%,女子仅为11%,这说明我国长跑项目运动员在选择专项时存在着较大的盲目性,缺乏宏观的指导和调控,导致选择注册项目时分布极其不平衡;极少部分长跑运动员选择的专项为3 000m,而3 000m作为青少年比赛项目,在成年阶段的比赛项目设置中是不存在的,这说明我国长跑项目注册中部分教练员对运动员未来发展专项把握不明确,在注册管理中缺乏指导,造成专项注册中的混乱。

4.2.2.1.2 我国优秀少年中长跑运动员性别、年龄结构及区域分布特征

为全面加强田径高水平后备人才的培养,夯实田径业余训练基础,按照田径字[2009]52号、田径字[2009]90号和田径字[2009]98号文件有关要求,经各单位自评申报,各省、市体育局复评推荐,以及田径中心检查评估组的认真审核,国家体育总局于2009年命名沈阳市体育运动学校等25个单位为国家田径中长跑项目(2009—2012年度)奥林匹克高水平后备人才基地。基地运动员是我国中长跑项目后备人才重点培训对象。

对所调查的国家田径中长跑2009—2012年奥林匹克高水平后备人才基地和非基地合格苗子(优秀少年运动员)一般情况进行统计,结果显示:25个训练基地及4个非基地优秀中长跑苗子分布于河北、内蒙古、辽宁、吉林、黑龙江、上海、江苏、安徽、江西、山东、河南、湖南、云南、陕西、新疆、甘肃、贵州、广西、青海。运动员年龄为10—16岁。

(1)少年中长跑运动员性别与年龄结构特征

运动员性别和年龄结构是指运动员性别、各年龄运动员人数及相互之间的比例。在25个基地与4个非基地的共571名中长跑运动员中,男子运动员186名,占总数的32.6%;女子运动员385名,占总数的67.4%。这和所统计的一线注册长跑运动员中男子运动员比例大大高于女子运动员形成了鲜明的对比,说明我国田径管理部门已经认识到女子长跑项目的优势地位,并在后备人才的培养中更多的偏重于女子长跑项目。

少年中长跑运动员年龄段为10—16周岁。统计结果显示(表30):10岁的运动员人数为4人,占总数的0.7%;11岁运动员为168人,占总数的29.4%;12岁的运动员为119人,占总数的20.8%;13岁的运动员164人,占总数的28.7%;14岁的运动员98人,占总数的17.2%;15岁的运动员15人,占总数的2.6%;16岁的运动员3人,占总数的0.6%。

表 30　少年中长跑运动员年龄结构特征表

年龄 特征	1999 （10 岁）	1998 （11 岁）	1997 （12 岁）	1996 （13 岁）	1995 （14 岁）	1994 （15 岁）	1993 （16 岁）
人　数	4	168	119	164	98	15	3
％	0.7	29.4	20.8	28.7	17.2	2.6	0.6

此外,从少年中长跑运动员年龄结构柱形图中可直观地看出(图12),不同年龄的运动员数量从多至少依次为:11 岁＞13 岁＞12 岁＞14 岁＞15 岁＞10 岁＞16 岁。16 岁运动员人数最少,11 岁运动员人数最多。少年中长跑运动员多集中于 11－14 岁的年龄段,该年龄段运动员总共为 549 人,占总数的 96.1％。结合前述研究"长跑基础训练阶段女子为 11－14 岁,男子为 11－16 岁",说明少年中长跑运动员的年龄结构是比较合理的。

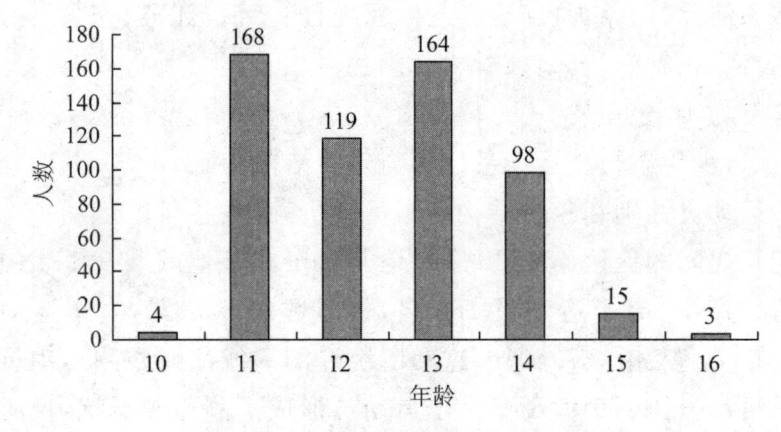

图 12　少年中长跑运动员年龄结构图

(2)少年中长跑运动员区域分布特征

"生物的生理形态和功能特征受到内在的遗传因素和外在环境因素的双重调节作用,环境因素包括光照、降水、温度、地形等等,不同地区因各种自然环境因素的差异而形成不同特点的气候,气候差异又造成生物各种生理功能的不同"[98]。"田径人才的分布规律也无法超越人种、环境和自然气候等一系列自然界的'适者生存'的一般规律"[99]。因此,对运动员区域分布数量和项

4 结果与分析

群特点的研究不仅能够很好地反映该地区田径的综合实力和优势项群,而且还可以为运动员选材提供很好的数据支撑。

我国中长跑项目奥林匹克高水平后备人才基地分布于河北、内蒙古、辽宁、吉林、黑龙江、上海、江苏、安徽、江西、山东、河南、湖南、云南、陕西、新疆、甘肃、贵州、广西、青海。这些区域大部分位于中、高纬度的我国东北、西北、华北地区,低温、低湿、高海拔是其显著的气候环境特点,适于开展以耐力为主的中长跑运动;甘肃、新疆、青海、贵州、广西等经济不发达地区,也较适合开展训练条件要求不高、对运动员意志品质要求较高的中长跑耐力项目;江苏、上海、湖南等少数中纬度区域虽某些季节气候闷热、潮湿,给训练带来一些困难,但由于经济发展水平较高,训练保障条件较好,所以,中长跑项目在这些省份也有所开展。

统计结果显示(表31):在少年中长跑项目奥林匹克后备人才基地所属区域中,江苏、辽宁、云南、河南、山东、黑龙江、吉林、上海、安徽、陕西、河北等区域的运动员人数较多,共计493人,占总数的86.3%;内蒙古、江西、甘肃、新疆、青海、贵州、广西等区域的运动员人数较少,共计78人,占总数的13.6%。

表31 少年中长跑运动员区域分布特征统计表

区 域	运动员人数	百分比(%)	区 域	运动员人数	百分比(%)
江苏	76	13.3	陕西	20	3.5
辽宁	69	12.1	河北	20	3.5
云南	52	9.1	内蒙古	19	3.3
河南	49	8.6	江西	17	3.0
山东	48	8.4	甘肃	16	2.8
黑龙江	44	7.7	新疆	15	2.6
吉林	40	7.0	青海	4	0.7
湖南	28	4.9	贵州	4	0.7
上海市	26	4.6	广西	3	0.5
安徽	21	3.7			
合 计	453	79.4		118	20.6

从各区域运动员人数比例自然条形图上可以直观地看出(图13),这些区域少年中长跑运动员人数百分比由小至大依次为:广西<贵州<青海<新疆<甘肃<江西<内蒙古<河北<陕西<安徽<上海市<湖南<吉林<黑龙江<山东<河南<云南<辽宁<江苏。这和前述2004—2008年长跑项目优势省份的统计结果大体一致,但就项目的优势地位而言,甘肃、河北、内蒙古、青海等基地中的优秀少年中长跑后备人才偏少。

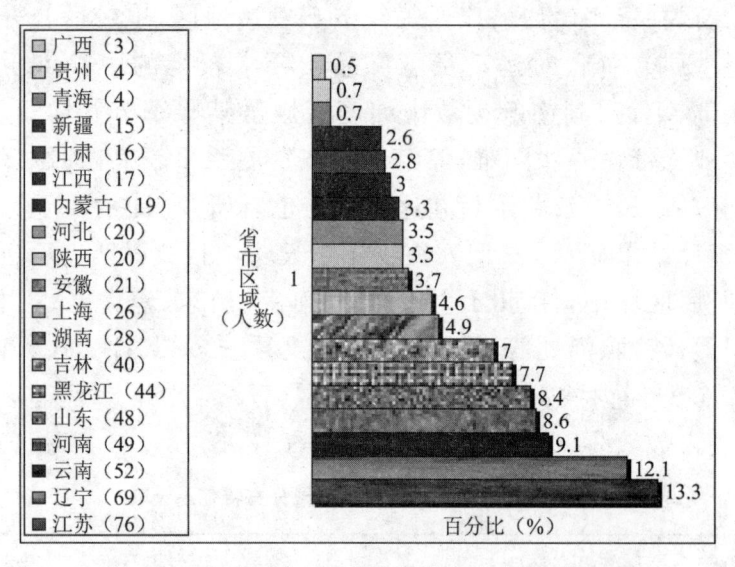

图13 我国优秀少年中长跑运动员区域分布特征图

4.2.2.1.3 我国优秀青少年长跑运动员的一般情况

问卷所调查的正处于基础训练阶段和刚刚经历过基础训练阶段的我国优秀青少年长跑运动员基本情况见表32和表33。运动员大部分(80.5%)来自于省市体校和地市体校;其中,男子运动员141人,女子运动员198人,女子运动员占调查总人数的58.4%;男子运动员平均年龄为16.60岁,女子运动员为15.09岁,女子运动员平均年龄小于男子运动员;男子一级运动员占31.9%,女子一级运动员占43.9%,说明调查对象中女子运动员整体水平要高于男子运动员;运动员的文化程度调查中,高中学历占61.1%,说明运动员正处于继续从事训练和进入大学学习等人生发展的抉择阶段。

4 结果与分析

表 32 我国优秀青少年长跑运动员基本情况表

基本情况	人数(%)	平均年龄	一级(%)	二级(%)	其他(%)
男	141(41.6)	16.60±1.88	45(31.9)	80(56.7)	16(11.4)
女	198(58.4)	15.09±2.03	87(43.9)	101(51.0)	10(5.1)

对青少年长跑运动员父母职业进行调查(表33),职业较为稳定、属于国家部门的按"公务员"统计,"个体、运输等"按"商人"统计,父母职业不一致者,按父亲职业统计。统计结果显示,出身农民家庭的青少年长跑运动员比例较大,占42.7%,商人家庭的占27.4%,公务员家庭的仅占7.1%。出身农民家庭的青少年长跑运动员几乎占一半的比例,说明长跑项目对运动员意志品质较高的要求和农民家庭的吃苦耐劳、经济地位不高等特点具有一定的自然选择倾向性,这能够保证长跑项目对运动员心理品质的需要,但是,我国大部分农民家庭的经济条件状况,会在很大程度上限制运动员基础训练阶段的物质保障,山东省体校青少年长跑运动员按自身情况选择缴纳伙食标准,家庭条件较差者只能选择较低的伙食标准就充分说明了这一点。此外,有稳定职业的"公务员"家庭比例极低,商人家庭占一定比例,在一定程度上说明了条件较好的家庭不愿意孩子从事具有"风险性"的竞技体育。

表 33 我国优秀青少年长跑运动员来源、学历和家庭情况表

内　容	来源、学历、家庭情况				
来　源	国际集训队	省体工队	省市体校	地市体校	其　他
人数(%)	0(0)	65(19.2)	153(45.1)	120(35.4)	1(0.3)
学　历	小　学	初　中	高　中	大　学	研究生
人数(%)	0(0)	119(35.1)	207(61.1)	13(3.8)	0(0)
父母职业	农　民	工　人	商　人	公务员	其　他
人数(%)	145(42.7)	67(19.8)	93(27.4)	24(7.1)	10(3.0)

由此可见,首先,我国竞技体育必须改变目前运动员"安置困难、学训矛盾突出。体育系统仍然控制着强势资源,与教育系统的利益难以理清,教育系统培养体育后备人才的优势并未充分体现出来[100]"的情况;其次,应该以提高竞技体育社会化程度为改

革目标,吸引更多有条件从事竞技体育的家庭主动参与进来,提高竞技体育的"自身造血功能"才能促进竞技体育的可持续发展。

4.2.2.2 我国长跑项目青少年运动员的转项、动机和教育等情况调查分析

在对我国长跑项目青少年运动员转项的调查中,结果显示:接近三分之一(28.0%)的长跑运动员曾经有过转项经历;其中,71.6%的运动员有过一次转项经历,其余28.4%的运动员有过两次及两次以上的转项经历;转入长跑项目之前所从事的项目绝大多数为短跑和中跑项目,其中,短跑项目占42.1%,中跑项目占34.7%;转项原因的调查中,52.6%的运动员认为是"自己不适合原来的项目",34.7%填写的是"教练员选拔";运动员转项的引导者调查中,72.6%的运动员填写的是"教练员引导"转项;转项效果调查中,绝大多数运动员认为转入长跑项目后训练效果要优于原来项目,其中,认为训练效果"更好"的占16.8%,"好一些"的占61.1%。

长跑项目运动员在基础训练阶段前后尽量减少转项的影响,这对于运动员的训练系统性和长远发展都有好处。从调查的结果来看:第一,有近三分之一的长跑项目青少年运动员曾经经历过转项,且78.9%的运动员认为转入长跑项目后训练效果优于原来的项目,这说明我国长跑项目在初级选材阶段和初步确定专项过程中效率较低,造成了较大比例的运动员没有直接从事长跑项目,运动员发展中的偏移必然会对运动员职业生涯造成损失;第二,超过半数的运动员认为转项是因为"自己不适合原来项目",在一定程度上说明运动员缺乏自信;第三,运动员原来所从事的项目大多为短跨和中跑项目,且多为教练员引导转项,因此结合教练员访谈,原因可能是运动员在从事对速度、力量要求较高的项目遇到挫折后,只能被动地选择对意志品质要求较高,训练过程比较艰苦的周期性、耐力性长跑项目,运动员有过其他项目经历对于从事长跑项目是否有促进作用还有待于进一步研究。

此外,在对长跑项目运动员进入少年体校年龄的调查中,结果显示,其平均年龄及其标准差为12.73±1.72。从前述运动员基础

训练时期的划分结果来看,长跑项目运动员进入基础训练阶段的年龄应该为11岁,由此可见,我国长跑项目青少年运动员存在着进入少年体校年龄偏晚,基础训练开始年龄滞后1—3岁的情况,这就造成运动员在从事基础训练初期盲目性较大,转项比例较高的情况出现,各种情况综合作用下,必然会导致长跑项目青少年运动员选择专项时出现偏差、不利于做好进入初级专项训练阶段的准备。

在对长跑运动员训练动机的调查中,结果显示:78.5%的运动员有自豪感,其中,选择"特别自豪"的占46.6%,"比较自豪"的占31.9%;训练目标的调查中,选择"上大学"的占34.5%,"全国冠军"的占26.0%,17.4%选择的是"世界冠军",13.9%选择"走一步看一步";是否喜欢现在所从事的田径专项的调查中,绝大多数长跑运动员持喜欢态度,其中,选择"非常喜欢"的占33.0%,"比较喜欢"的占42.8%;参加田径专项的原因调查中,运动员倾向于选择"对田径运动项目感兴趣"(45.4%)、"未来就业"(30.0%)和"学习成绩不好"(15.6%)三项。第一,从78.5%的运动员感到作为运动员有自豪感,以及75.8%的运动员喜欢所从事的田径专项的调查结果,说明绝大多数运动员对自己所从事的职业有较高的自信心和认同感,这在运动员职业生涯的初期基础训练阶段是非常重要的;第二,运动员最终的理想训练目标应该是"世界冠军",但是在运动员训练目标调查中,大部分运动员选择的是"上大学"和"全国冠军",仅有17.4%选择的是"世界冠军",而有关研究提出[91]"运动员设定切合实际的目标,自我胜任感会更强,他们就会有信心,能毫不畏惧地面对中等难度的技能。弱化胜利的取得,强化个人目标的实现,这一原则对于增强运动员的动机是非常重要的",可见我国大部分青少年长跑运动员的训练目标是切合实际的,从运动员长远发展来看这是有利的;第三,在对运动员从事田径专项原因的调查中,近半数的运动员认为是"学习成绩不好"和考虑"未来就业",和前述61.1%的调查对象为高中文化程度的现状,说明了我国青少年长跑运动员在训练中对未来的不确定性存在着较大的后顾之忧,潘前的研究提出[76]"我国运动员受教育程度很低,多数人除了运动外无一技之长,出路不畅。美国多数运动员最终都经过高等教育,除了运动专长外还有其他专业的文凭和能力,出路畅通",因此,这必然会影响到运动员基础训练阶段的训练效果,必须从根本上对我国竞技体育多元化体制和运动员就业改革做进一步的深入研究。

在对长跑项目运动员文化课学习的调查中,结果显示:与运动成绩相比,66.7%的运动员认为文化课"同等重要";从运动员的角度来调查教练员对文化课的态度,54.0%的运动员选择教练员认为文化课和运动成绩"同等重要";运动训练对文化课的影响调查中,34.8%的运动员认为"比较影响",11.2%的运动员认为"严重影响"。

结合前述教练员问卷,其中63.5%的教练员认为文化课和运动成绩"同等重要",57.1%的教练员认为运动训练对文化课"比较影响",由此可见,大多数运动员(66.7%)和教练员(63.5%)都认为学习好文化课很重要,近半数运动员(46.0%)和教练员(57.1%)均认为运动训练对文化课"比较影响"。不同的是,从运动员的角度来调查教练员对文化课的态度中,教练员自评百分比(63.5%)要高于运动员评价百分比(54.0%),这说明教练员在思想上对文化课比较重视,但是在实际的落实中可能存在不重视的现象。另外,在运动训练对文化课影响的调查中,认为"比较影响"的运动员评价百分比(46.0%)要低于教练员评价百分比(57.1%),这一方面说明运动员可能能够处理好文化课与运动训练的关系,另一方面也可能说明运动员对文化课所持的态度并不是相对积极的。而实地考察中发现:第一,山东省体校运动员文化课学习的硬件条件较差,几乎没有电化教学设施,教学的基本硬件如桌、凳、黑板等也极其陈旧;第二,运动员文化课学习的管理中也存在着不重视现象,"一天两练"的训练模式和时间安排很难保证运动员有充沛的精力来进行文化课学习;第三,和调查结果一致,运动员在文化课学习过程中所持态度消极,在上课期间有专任教师看管教学楼大门的情况下,还有运动员跳窗逃课等。结合问卷调研和实地考察可见,提高我国长跑项目基础训练阶段运动员文化课学习的软硬件保障条件和管理水平,才能使运动员的教育问题落到实处,促进运动员职业生涯的和谐和最优化发展。

在运动员对教练员的评价和交流调查中,结果显示:认为教练员事业心和责任心"很强"和"比较强"的运动员占96.5%;90.1%的运动员认为教练员训练水平"很高"和"比较高";认为教练员最关心的是"在比赛中取得好名次"的占61.1%,"队员能进入大学深造"的占20.6%,"向上输送人才"的占18.3%;78.5%的运动员认为和教练员的交流沟通情况"很好"和"较好";85.6%的运动员认为教练员对队员"是"和"一般是"一视同仁。

结合前述教练员问卷发现:第一,61.9%的教练员认为自己是"以完成任务为工作目的",而96.5%和90.1%的青少年运动员分别认为教练员"事业心和责任心很强和比较强""训练水平很高和比较高",这说明青少年运动员对教练员持充分信任和肯定的态度;第二,运动员对教练员评价中认为教练最关心的是"在比赛中取得好名次"的比例(61.1%)要大大高于教练员自评中认为执教目标是"在比赛中取得好名次"的比例(41.3%),这说明部分教练员在填写问卷过程中有意识地隐藏自己的真实想法,运动员问卷更真实地反映了基础训练阶段教练员的真实执教目的是"在比赛中取得好名次",而不是"向上输送人才";第三,教练员认为与运动员沟通的情况一般的比例为58.7%,而运动员认为和教练员的交流沟通情况"很好"和"较好"的比例为78.5%,这种不一致情况,说明了运动员具有与教练员沟通交流的较高需求,而教练员需要更多的关注和满足基础训练这个特殊年龄段青少年的心理需求,培养青少年运动员的心理能力;第四,运动员评价(85.6%)和教练员自评(84.1%)中,"一视同仁"方面的评价具有高度的一致性,说明青少年运动员和教练员之间能够互相信任,具有开展训练的良好心理基础。因此,在长跑项目运动员基础训练阶段,教练员应该具备高度的责任感,以向上输送人才为工作目的,对运动员持充分的信任和肯定态度,关注和满足他们特殊的心理需求,与运动员进行积极的沟通交流,培养运动员良好的个性和心理能力,这对于青少年长跑运动员的全面发展和促进训练效果的提高都是必不可少的。

4.2.2.3 我国长跑项目青少年运动员基础训练阶段运动损伤和过度训练调查分析

长跑属于体能主导类耐力性项目,由于训练中较大的负荷量和强度,必然会增加运动损伤和过度训练发生的风险,因此,通过问卷调查了解长跑项目基础训练阶段青少年运动员运动损伤和过度训练的基本情况,对于合理安排长跑项目基础训练阶段的计划和管理过程有着重要的参考价值。

4.2.2.3.1 我国长跑项目青少年运动员基础训练阶段运动损伤状况、部位、类型和原因调查分析

在运动损伤的调查中,结果显示(表34):运动损伤的发生情况"较多"的占21.8%,"一般"的占36.3%,"很少"的占38.3%;运动损伤共涉及到足、踝、小腿、膝、大腿、腰髋等六大部位,按照频次排序出现损伤较多的部位分别为膝、小腿、踝、足;损伤的类型按照频次排序,出现较多的分别为劳损、骨膜炎、肌肉拉伤、韧带扭伤四种;损伤原因按照频次排序,主要为技术缺点和错误、准备活动不合理、运动量过大、身体机能状况不良等。

表34 我国长跑项目青少年运动员基础训练阶段中运动损伤情况一览表

内容	运动损伤情况					
状况	经常	较多	一般	很少	从未	—
%	1.5	21.8	36.3	38.3	2.1	—
部位	膝	小腿	踝	足	大腿	腰髋
%	38.6	34.8	33.3	30.7	16.8	7.1
类型	劳损	骨膜炎	肌肉拉伤	韧带扭伤	擦伤	血尿
%	44.8	36.3	33.6	27.1	7.1	1.5
原因	技术缺点和错误	准备活动不合理	运动量过大	身体机能状况不良	饮食营养状况不良	思想因素
%	59.3	32.7	31.6	28.0	14.2	8.3

从运动损伤的调查结果来看:第一,"全国政协医疗专题组一个为期3年的调查表明'在受调查的6 340名运动员中,受伤人数达到3 832人,占总数的59.6%。运动队的级别越高,运动员的伤情越严重'"[101],和这个结果相比,长跑项目基础训练阶段青少年运动员运动损伤发生的情况还是能够接受的,这可能和基础训练阶段的训练负荷和专项训练比例较低有关;第二,损伤的类型和部位调查明显地反映了长跑项目的特征,运动员劳损和骨膜炎发生较多,多为小腿胫骨骨膜炎或者跟腱、膝关节的劳损,这提示在长跑项目基础训练中尤其要注意这几个部位的损伤监控和运动恢复,安排那些既能达到训练目的,又能降低运动损伤发生的练习手段,如功率自行车、沙滩跑、草地跑、赤脚跑(Driscoll[102]的研究提出"在没有'完美'跑鞋的情况下,赤脚跑能够减少膝关节损伤和踝关节扭伤发生的频率")等;第三,Shigin. P[103]的研究提出"恢复对于采用了大量高强度训练的中国长跑运动员的成功发挥了重要作用,除了营养措施外,其他恢复方法还包括每天晚上进行理疗、按摩、针灸和炙术等",这说明良好的恢复是降低运动损伤发生的重要保证,从运动员职业生涯全程的系统性来看这是非常重要的;第四,运动损伤原因的调查中,结果显示多为训练学方面的原因造成运动损伤,这说明在基础训练过程中需要加强运动员的运动技术监督和评价,使运动员掌握适宜的准备活动方式、方法,合理安排训练负荷和节奏,以保证运动员良好的身体机能状况。实证研究部分将对运动负荷和准备整理活动等训练安排展开详细研究。

此外,从实地调查和访谈结果来看:第一,山东省体校的医疗和恢复条件不能够满足青少年运动员医疗和恢复的日常需求,仅有的医疗设施主要服务对象是省队运动员,省体校青少年运动员的恢复仅为水浴和互相按摩,处于基础训练阶段的少年体校较差的医疗和恢复等硬件设施条件,将在一定程度上制约青少年运动员运动损伤治疗和恢复训练的进行,将会从根本上影响到基础训练的质量;第二,省队运动员公寓为双人标准间,有空调、室内卫生间设施,而省体校为八人间,仅有吊扇,两者条件形成鲜明对比,从管理学的角度来看,这种差异将会影响到青少年运动员的作息和恢复,恢复的不足会增加损伤发生的几率。

4.2.2.3.2 我国长跑项目青少年运动员基础训练阶段过度训练状况、症状和原因调查分析

在过度训练的调查中,结果显示(表35):"经常"和"较多"发生过度训练的占15.9%,"一般"的占44.5%,"很少"的占35.1%;过度训练症状中按照频次排序,依次为肌肉酸痛、食欲下降、精力下降、耐力下降、技术变形、情绪不稳定、成绩下降、睡眠障碍、注意力难集中、情绪低落、极易出汗、焦虑、易怒、月经不调、反应迟缓、协调降低、爱激动、心率和血压改变等;过度训练原因中按照频次排序,依次为身体情况、训练失误、生活方式、社会环境、管理等。

提高成绩的关键是找到训练和恢复之间的最佳平衡,训练和恢复之间的不平衡会导致运动成绩的下降,而不是提高,而且会造成过度训练。我国的相关训练学专著中是这样描述的"机体的生物适应现象只是发生在适宜负荷的条件下,而当负荷超过了一定的范围,超出了运动员的最大承受能力时(或称过度负荷时),运动员的机体便会产生劣变现象。过度负荷有时表现在生理方面,也有时表现在心理方面"[104]。而在1996年的Memphis大学(Kreider等,1998)举行的运动过度训练国际会议中则把过度训练定义[105]为"由训练和非训练紧张的积累,造成运动能力的长期下降,可能伴有相关的生理、心理的表现和过度训练的症状,运动能力的恢复需要几周或几个月的时间"。从两者的定义可见,过度训练强调的是经过一段时间过度的负荷积累所造成的机体长期处于的生理和心理劣变状态,我国学者没有定义出过度训练的时间特征,容易造成过度训练和高强度训练正常反应之间的混淆。因此,在训练实践中理想的状况是能够避免个体差异,并且区分过度训练症状和高强度训练的正常反应,建立有关过度训练开始的标准,从而确认最佳负荷的标准,当选用的指标达到一个

临界水平时,训练负荷应该停止,恢复应该开始,同样,当恢复达到临界水平时,可以开始进行下一周期的训练,这将是个值得探索的方向。

表35 我国长跑项目青少年运动员基础训练阶段过度训练情况一览表

内容	过度训练情况					
状况	经常	较多	一般	很少	从未	—
%	5.3	10.6	44.5	35.1	4.5	—
症状%	肌肉酸痛	食欲下降	精力下降	耐力下降	技术变形	情绪不稳定
	75.5	58.1	50.1	45.4	44.8	41.9
	成绩下降	睡眠障碍	注意力难集中	情绪低落	极易出汗	焦虑
	34.2	32.2	28.6	23.9	22.4	17.4
	易怒	月经不调	反应迟缓	协调降低	爱激动	心率和血压改变
	16.8	16.8	13.3	11.2	11.2	8.3
原因%	身体情况	训练失误	生活方式	社会环境	管理	—
	59.3	17.4	14.7	8.3	8.3	—

从长跑项目青少年运动员过度训练的调查结果来看:第一,"很少"和"从未"出现过度训练的运动员约占40%,这说明60%左右的青少年运动员有过过度训练经历,Morgen[105]的研究也提出"在优秀女子长距离选手中,估计过度训练的比例高达60%",在此且不谈调查对象是否明确自己是发生了过度训练还是高强度训练的正常反应,这在一定程度上说明我国长跑项目青少年运动员确实存在过度训练问题,需要从训练安排和恢复中加以控制和避免;第二,过度训练症状调查中,运动员生理症状中主要为"肌肉酸痛、精力下降、耐力下降"等,心理症状主要为"睡眠障碍、食欲下降、情绪不稳定、注意力难集中"等,从而导致了"技术变形、成绩下降"等外在表现,这些症状能够作为运动员和教练员初步判断是否发生过度训练或者应该警惕过度训练发生的自我感

觉评价指标,但明确的确定过度训练还需要合适的量化指标;第三,过度训练的原因调查中,59.3%的运动员认为是"身体情况",这说明运动员对过度训练发生原因的理解存在偏差,人体是一个有机体,非最佳的负荷安排必然会造成过度训练的发生,因此,通过优化训练过程,如运动员的训练安排、生活方式、管理和社会环境等,能够在一定程度上提高个体最佳负荷;第四,反应"月经不调"症状占所调查女子运动员的16.8%,此外,运动生理学提出[106]"女性青春期是指卵巢机能由幼稚向成熟状态过渡的年龄阶段,此阶段从10岁或12岁开始到17岁或18岁结束,以月经来潮为标志",因此,考虑调查中未经历月经初潮的女子运动员,说明至少有三分之一左右的青少年女子长跑运动员在过度训练时会出现月经不调现象,这需要在女子运动员训练中加以重视。

  综述过度训练潜在运动能力、生物化学、激素、免疫学、心理学和中枢疲劳的标志等相关研究,研究提出[105]"很多情况下,有潜力的指标要么不能显示过度训练的一致变化,要么不能区分正常训练与过度训练的反应。许多新的领域,开始深入研究过度训练开始的机制,但它们还缺乏有效的诊断测试方法。总之,任何测试,包括合适的阈值、敏感性和分类分数,还有正向和负向预测值的绝对诊断标准还需建立(Zweig和Campbell,1993)。迄今为止,最有希望成为过度训练标志的生化指标之一是血浆氨基酸谷氨酰胺的浓度(Rowbottom等,1996)"。但是,结合实地追踪调研来看,由于硬件条件限制,以及目前研究现状,采用生物化学、激素、免疫学、中枢疲劳的标志等手段来监控青少年长跑运动员的过度训练是不现实的,而山东省体校仅有青少年竞走项目采用了运动员自测记录晨脉来监控训练恢复情况,青少年长跑项目训练中过度训练预防处于无监控的自然状态,因此,通过传统的记录晨脉变化来判断运动员的机体恢复情况、测试专项运动成绩的变化、POMS(情绪状态测量)量表[107]和RPE(主观感觉疲劳)等级等简单易行的方式综合进行过度训练的预防是比较适宜的。

4.3 我国长跑项目青少年女子运动员基础训练阶段现状调查分析

4.3.1 我国长跑项目青少年女子运动员基础训练阶段训练现状调查分析

4.3.1.1 训练时间安排和参赛情况现状

长跑属于耐力性体能主导类项目,运动员训练时间安排主要包括一次训练时数、周课次和全年训练次数等内容。调查显示(表36):基础训练阶段一次训练时数最少为1h,最多为2.5h,平均为1.61h(S为0.44);周课次最少为6次,最多为13次,平均为10.38次(S为2.05);全年训练次数最少为196次,最多为392次,平均为318.39次(S为57.66)。基础训练阶段男女运动员混合训练,训练时间安排情况基本一致。

参赛次数最少为1次,最多为15次,平均为6.21次(S为3.06),离散度较大;大部分参赛集中于4—6月和9—11月两个赛季阶段;多为省市级别比赛,参加国际和全国级别比赛较少;长跑优势省份和经济发达城市地区运动员参赛次数较多。

表36 我国长跑项目青少年女子运动员基础训练阶段训练时间和参赛次数统计表(n=63)

内容	一次训练时数	周课次	全年训练次数	参赛次数
$\bar{x}$	1.61	10.38	318.39	6.21
S	0.44	2.05	57.66	3.06
C.V	0.27	0.20	0.18	0.49

为研究教练员之间在各项训练内容时间上安排的差异程度，对教练员在各项训练内容时间的变异系数进行了求解，变异系数小表明一致性程度高，反之则低。求解发现，不同教练员之间在各项训练内容时间的安排上，一致性程度排序依次为：全年训练次数（0.18）＞周课次（0.20）＞一次训练时数（0.27）＞参赛次数（0.49）。

4.3.1.2 训练时间分析

下面，根据《全国青少年奥运项目教学训练大纲》（本节简称《大纲》）有关长跑运动员基础训练阶段训练时间安排标准[74]（表37），与我国长跑运动员基础训练阶段训练时间安排进行比较分析研究。

表37 我国长跑项目青少年女子运动员基础训练
阶段训练时间和参赛次数标准一览表

内　容	一次训练时数	周训练次数	全年训练次数	参赛次数
大纲	1—1.5h	4—5次	180—220次	4—10次

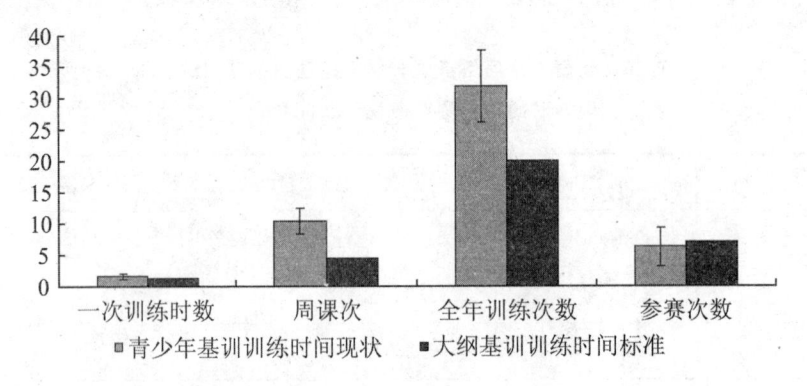

图14为我国长跑项目青少年女子运动员基础训练阶段平均训练时间和参赛次数现状与《大纲》比较示意图，为了统计需要"《大纲》中一次训练时数按1.25h统计；周训练次数按4.5次统计；全年训练次数按200次，且除以10统计；参赛次数按7次统计"。

图14 我国长跑项目青少年女子运动员基础训练阶段平均训练
时间和参赛次数现状与《大纲》比较示意图

从表 37 中可以得出以下结论。

第一,每次训练课平均时数为 1.61h,略高于《大纲》规定的 1—1.5h,而且多为"一天两练模式",由于专项训练课的准备活动和整理活动所需时间较长,所以专项训练课时数较长,一般为 2h 左右,而晨练和下午一般性练习的训练时间安排较短,一般为 1—1.5h。

第二,周平均训练次数为 10.38 次,大大超出了《大纲》4—5 次的规定,也在一定程度上超出了学者们所提出的周训练次数。有研究提出"在训练时间、周训练课和年跑量 3 个指标上,肯尼亚青年中长跑运动员明显高于德国运动员,训练负荷的差距主要集中在有氧训练量上。肯尼亚运动员在中长跑项目上的非凡表现主要应该归结于对有氧训练的高度重视"[108]。因此,如果训练时数过长,训练内容比例安排不合理的话,势必会造成基础训练阶段负荷量的安排出现问题,训练密度过大会导致恢复不足,可能会影响到青少年的生长发育,偏离基础训练阶段的主要任务,此外,还会造成运动员学训之间的矛盾,影响运动员全面发展。

第三,全年平均训练次数为 318.39 次也大大超出《大纲》规定的 180—220 次,但是 Swardt,A. de[39](1997)的研究提出"非洲的许多中长跑实力很强的国家,儿童跑步上学和放学跑步回家,有时达到 40km,这帮助他们发展出在以后辉煌人生中艰苦训练必需的身体系统,训练成为他们生活中的一个自然部分",因此,在基础训练阶段如果能够做好训练监控,安排好训练内容的合理比例,保证运动员有氧和无氧训练之间的合理比例,较长的训练课时、较多的训练课次可能会为运动员成年训练阶段打下良好的有氧训练基础。

4.3.1.3 参赛情况分析

徐佶[109]在其研究中提出"我国田径运动水平上不去,与我们训练的综合化程度不高有直接关系,运动员国内比赛能赛出成绩,一到国际赛场就频频失误,暴露出心理等方面的不足,正是训练中综合化水平低的结果"。因此,对长跑项目基础训练阶段运动员参赛情况进行研究具有重要的意义。从图18中我国少年长跑运动员基础训练阶段参赛次数现状与《大纲》比较,以及调查结果可以得出以下结论。

第一,青少年参赛平均次数为6.21,与《大纲》规定的4—10次相比略显不足。但是,从前述研究结果来看,在运动员基础训练阶段尽可能多的参加不以获取成绩为目的的全能和团体比赛,可能对青少年运动员参赛心理能力的培养,以及全面运动能力的发展有极大的好处,对运动员的职业生涯高度能够起到根本性的作用。

第二,参赛次数的离散度较大,从运动员参赛分布的调研和统计情况来看,大部分参赛集中于4—6月和9—11月两个赛季阶段,我国长跑传统冬夏两训的双周期训练模式,使运动员的训练安排围绕着赛季获取好成绩进行,在我国当前体制下,必然会造成运动员"过早早期专项化"训练,因此,应该靠政策引导和赛制改革,使运动员参赛更平均的分散在年度各部分,以检查性比赛、诊断训练效果、锻炼运动员心理能力为主要目的。

第三,从统计的情况来看,长跑项目优势地区和经济较发达地区长跑运动员参赛次数明显较多,这可能和参赛保障、参赛便利程度有关,在没有很好的政策引导来规范运动员参赛时,以追求成绩为目的的过多参赛将不可避免的造成运动员过早、过多的进行专项训练,对运动员职业生涯造成毁灭性的影响。

第四,从参赛级别的统计和调研情况来看,运动员参加的多为省市级别的比赛。因此,应该以省市级别比赛为赛制改革的重点,以参加国际和全国级别的比赛为辅助,端正参赛目的、规范参赛环境、进行赛制改革,从基础训练阶段就重视运动员参赛心理的实践和培养是运动员成功的必由之路。

第五,从实地调研来看,山东省制订了相关政策限制省体校的运动员参加以追求成绩为目的的比赛,仅参加规律性的"爬泰山"比赛作为检查训练的手段,在目前以追求成绩为目的竞赛环

4 结果与分析

境中,山东省的政策无疑是值得借鉴的,但是,运动员参赛种类的单一和级别较低,可能会造成的负面影响也需要加以考虑。

4.3.2 我国长跑项目青少年女子运动员专项成绩的年龄增长规律调查分析

4.3.2.1 我国长跑项目青少年女子运动员专项成绩的年龄增长标准

了解整个运动训练的过程以及对该过程进行科学的阶段划分是制定训练目标的依据。如前所述,对训练阶段划分的各种研究进行综合分析,青少年长跑运动员基础训练按训练时期应该划分为少年和青年两个训练阶段,长跑运动员基础训练阶段应为少年训练阶段和青年训练阶段的交接阶段,其年龄段应该是男子 11—16 岁,女子 11—14 岁。在此基础上,深入了解专项运动成绩在不同训练阶段的增长比例,是避免训练盲目性,防止青少年训练阶段"拔苗助长"的有效措施。

《中国青少年田径教学训练大纲》(本节简称《大纲》)中对女子长跑运动员各训练阶段专项成绩和素质指标进行了详细的规定(表38),其中,基础训练阶段采用的是综合考核百分制,采用的最新评价标准是 2004 年《田径》第 4 期中我国学者章碧玉等所研制的"2004 年全国少年锦标赛 14—15 岁综合测试评分表",其中,女子中长跑的评价指标分别为身高、下肢长、后抛铅球、立定三级跳远、100m、800m 等六项,从指标设置来看,涉及青少年运动员形态、素质、专项等方面,这说明我国学者和田径运动管理部门已经认识到青少年基础训练阶段应该以运动员的生长发育和全面发展为主要任务,而不是以追求成绩为目标。并且,在教练员职称评聘中有明确的规定"一级教练员,向上级训练组织输送 2 名以上或越级输送 1 名运动员,所培训的运动员按《大纲》要求 60% 达到及格标准,并培训一年以上的运动员或培训一年以上输送后八年内取得……成绩;高级教练员,所培训的运动员按《大纲》要求 80% 达到及格标准,其中 20% 良好,向上一级训练组织输送

8—15名运动员,且培训一年以上的运动员,输送后八年内取得……成绩",但是遗憾的是对三级教练员的职称评聘中并没有明确规定《大纲》达标要求及其输送要求,二级教练员的《大纲》达标要求仅为30%,同样没有输送要求。这在我国青少年运动员执教教练员中初中级职称占76.2%的情况下,这种职称评聘标准并不能起到良好的导向和约束作用,因此,提高二、三级教练员《大纲》达标率的要求,并对输送人才情况进行明确的政策规定,对限制"过早早期专项化",保证基础训练质量无疑具有重要的作用。

表38 我国长跑项目女子运动员各训练阶段专项成绩《大纲》标准一览表[74]

阶段内容	基础训练 (13—15岁)	初级专项 (16—17岁)	专项提高 (18—20岁)	高级专项 (21—26岁)	保 持 (27岁以上)
3 000m	按照综合考核:达86—90分为苗子,达100分为优秀苗子,准备进入专项提高阶段	10′20″—9′50″	9′50″—9′20″	9′20″—8′40″	8′40″—8′10″
5 000m		17′40″—16′50″	16′50″—16′20″	16′20″—15′08″	15′08″—14′28″
10 000m		—	37′20″—34′10″	34′20″—31′40″	32′54″—30′30″

以女子世界纪录(截止2008年6月6日,3 000m为8′06″、5 000m为14′11″、10 000m为29′31″)为100%最高成绩基点,对我国女子长跑项目运动员专项成绩不同训练阶段增长比例进行统计研究(图15)。

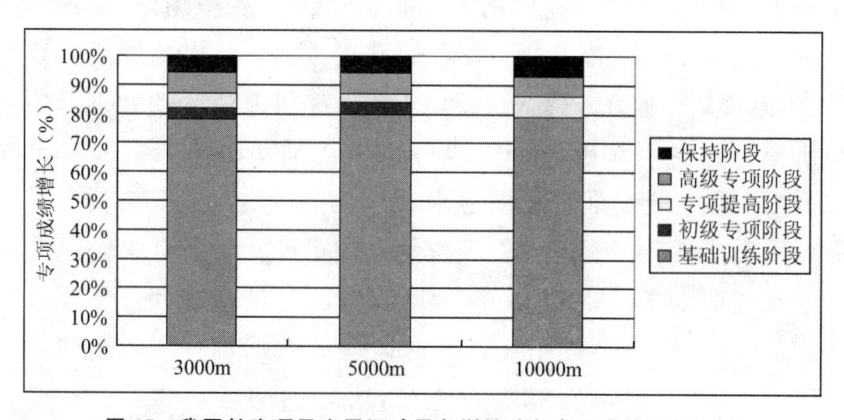

图15 我国长跑项目女子运动员各训练阶段专项成绩增长比例

从图15中可以直观地看出:女子3 000m基础训练阶段结束专项成绩应该达到最高成绩的78%左右,初级专项阶段成绩增长幅度应该为4%左右,专项提高阶段成绩增长幅度应该为5%左右,高级专项阶段成绩增长幅度应该为7%左右,保持阶段成绩增长幅度应该为6%左右;女子5 000m基础训练阶段结束专项成绩应该达到最高成绩的80%左右,初级专项阶段成绩增长幅度应该在4%左右,专项提高阶段成绩增长幅度应该在3%左右,高级专项阶段成绩增长幅度应该在7%左右,保持阶段成绩增长幅度应该在6%左右;女子10 000m初级专项训练结束阶段专项成绩应该达到最高成绩的79%左右,专项提高阶段成绩增长幅度应该在7%左右,高级专项阶段成绩增长幅度应该在7%左右,保持阶段成绩增长幅度应该在7%左右;女子长跑项目在高水平阶段应该预留7%—14%左右的成绩增长空间。

4.3.2.2 我国长跑项目青少年女子运动员专项成绩的年龄增长比较分析

青少年女子运动员所从事专项为3 000m、5 000m和10 000m,按照前述基础训练年龄划分的研究结果,从调查对象中抽取女子长跑11—14岁的少年运动员和15—18岁的青年运动员各30人,进行这三项成绩调查(表39)。

统计结果显示,少年运动员3 000m最好成绩为9′18″,最差成绩为10′32″,平均成绩为9′39″(S为18.08);少年运动员5 000m最好成绩为16′08″,最差成绩为18′28″,平均成绩为16′41″(S为27.42);少年运动员10 000m最好成绩为34′36″,最差成绩为37′45″,平均成绩为35′33″(S为42.27);青年运动员3 000最好成绩为8′36″,最差成绩为10′10″,平均成绩为8′54″(S为15.95);青年运动员5 000m最好成绩为15′22″,最差成绩为16′41″,平均成绩为15′35″(S为14.62);青年运动员10 000m最好成绩为32′31″,最差成绩为33′49″,平均成绩为32′48″(S为15.18)。

表39　我国女子长跑青(15—18岁)、少年(11—14岁)运动员成绩统计表

内　容	少年($\bar{x}+S$)	青年($\bar{x}+S$)
3 000m	579.83±18.08	534.90±15.95
5 000m	1 001.29±27.42	935.42±14.62
10 000m	2 133.36±42.27	1 968.45±15.18

注：少年 n=30 人，青年 n=30 人。

以女子世界纪录（截止2008年6月6日，3 000m 为 8′06″、5 000m 为 14′11″、10 000m 为 29′31″）为100%最高成绩基点，对我国女子长跑项目青少年训练阶段专项成绩现状进行统计研究，结果显示，女子少年长跑运动员基础训练阶段3 000m 平均成绩达到最高成绩的82%，女子青年专项提高阶段3 000m 平均成绩达到最高成绩的92%，成绩增长幅度为10%；女子少年长跑运动员基础训练阶段5 000m 平均成绩达到最高成绩的83%，女子青年专项提高阶段5 000m 平均成绩达到最高成绩的92%，成绩增长幅度为9%；女子少年长跑运动员初级专项训练阶段10 000m 平均成绩达到最高成绩的81%，女子青年专项提高阶段10 000m 平均成绩达到最高成绩的90%，成绩增长幅度为9%。

图16显示的是我国青少年女子长跑运动员平均专项成绩增长现状和《大纲》比较示意图，从图中可以直观地看出：女子3 000m 少年基础训练阶段平均成绩（84%）大幅度超出《大纲》标准（78%），青年专项提高阶段成绩平均增长幅度（7%）低于《大纲》标准（9%），高水平阶段成绩增长预留比例（9%）大大低于《大纲》标准（13%）；女子5 000m 少年基础训练阶段平均成绩（85%）大幅度超出《大纲》标准（80%），青年专项提高阶段成绩平均增长幅度（6%）低于《大纲》标准（7%），高水平阶段成绩增长预留比例（9%）大大低于《大纲》标准（13%）；女子10 000m 少年基础训练阶段平均成绩（83%）较大幅度超出《大纲》标准（79%），青年专项提高阶段成绩平均增长幅度（7%）和《大纲》标准（7%）持平，高水平阶段成绩增长预留比例（10%）大大低于《大纲》标准（14%）。

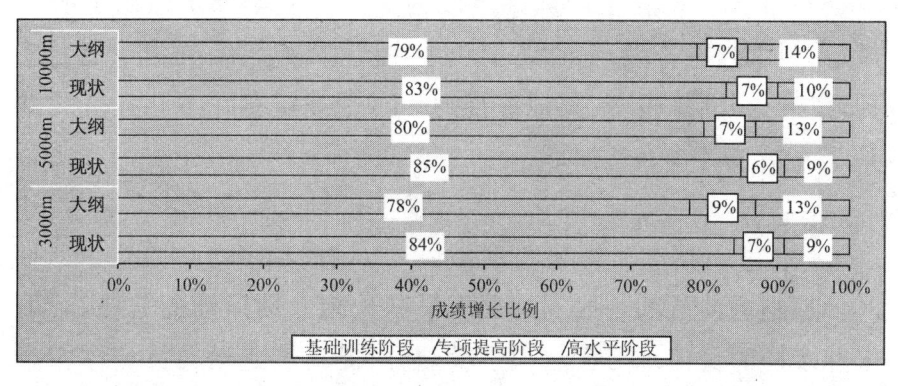

图 16 我国青少年女子长跑运动员平均专项成绩增长现状和《大纲》比较示意图

由此可见,我国女子长跑项目青少年时期专项成绩增长比例存在着严重不合理的现象。主要表现为:少年基础训练阶段成绩增长过快,青年专项提高阶段成绩增长比例低于《大纲》标准,高水平阶段成绩增长预留空间不足。少年基础训练阶段"拔苗助长",造成了青年专项提高阶段成绩正常增长出现困难,以及高水平阶段成绩预留空间较低,最终会限制运动员应该达到的最高成绩水平。

4.3.3 我国长跑项目青少年女子运动员训练的宏观状况调查分析

训练负荷和训练方式是教练员实施训练及控制训练过程的依据,是其训练理念的外在体现。具体体现为训练内容、训练负荷、各内容与各负荷之间的比例、训练方法及手段等。

在《全国青少年奥运项目教学训练大纲》中对基础训练阶段的任务进行了明确的规定"①培养初学者对中长跑的兴趣、从事体育的事业心和敢于克服困难的意志品质;②促进身体正常发育,提高健康水平;③初步掌握正确的中长跑技术,了解有关中长跑的知识;④全面发展身体素质,着重发展速度及提高一般耐力水平;⑤评价潜在能力,为确定专项提供依据,并在此基础上初步确定专项"[74]，并就基础训练阶段的负荷和基本要求做出了明确规定。然而，调查发现，训练实践中，基层长跑教练员并未把上述规定"奉为"训练指南，其训练行为相对于规定存在不同程度的差异。该差异具体表现如下。

4.3.3.1 一般训练和专项训练的比例

长跑运动员的一般训练是指根据长跑专项运动的需要，运用多种多样的身体练习方法和手段，全面提高长跑运动员身体各器官系统的机能，全面发展身体素质，改善体型，使其掌握非专项的一些技能和技术，进而促进长跑运动员专项运动能力的提高。长跑运动员专项训练是指采用的训练内容、方法手段、负荷等与长跑运动员专项能力需求密切相关的训练行为。

对青少年女子运动员基础训练阶段周一般训练和周专项训练时间进行调研，调查发现（表40），女子运动员基础训练阶段进行一般训练最少为6h/w，最多为11.5h/w，平均时间为8.52h/w（S为1.45）；进行专项训练最少为6h/w，最多为12h/w，平均时间为8.10h/w（S为1.51）；专项训练与周时数之比最小为0.375，最大为0.667，平均值为0.49（S为0.08）。数据的一致性程度上，专项训练/周时数(0.16)＞一般训练(0.17)＞专项训练(0.19)。

表40 我国长跑项目青少年女子运动员基础训练阶段
一般和专项训练周安排表（n＝63）

内　容	一般训练(h/w)	专项训练(h/w)	专项训练/周时数
$\bar{x}$	8.52	8.10	0.49
S	1.45	1.51	0.08
C.V	0.17	0.19	0.16

调查数据显示，基层教练员之间对女子运动员基础阶段专项与一般训练的比例安排上存在着较大差异（专项训练数据一致性

程度最低,且 0.667＞专项训练比例＞0.375,范围较大),但总体而言,一般训练的平均比重略高于专项训练的平均比重。此外,从图 17 中可以直观地看出,我国女子运动员基础训练阶段专项训练平均比例安排上(49%),要大大高于《大纲》中基础训练阶段所要求的专项训练 35% 的比例[74],可见,我国女子运动员基础训练阶段存在较为严重的早期专项化训练现象。

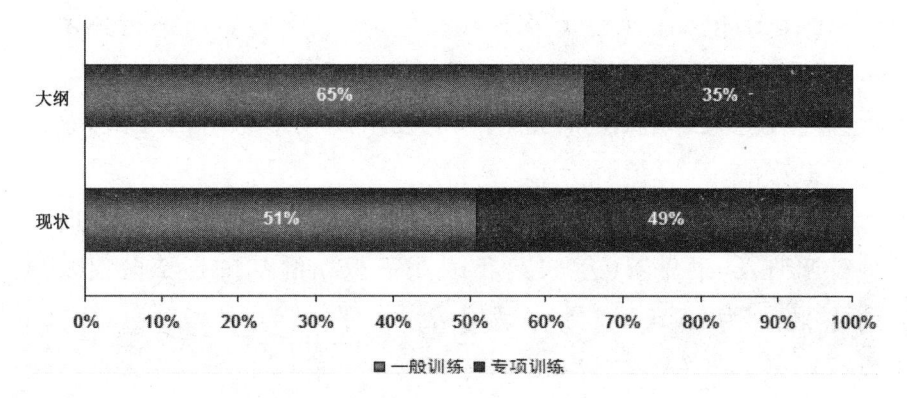

图 17 我国长跑项目青少年女子运动员基础训练阶段
一般和专项训练安排与《大纲》比较示意图

4.3.3.2 身体素质和技术训练的比例

我国学者田麦久[110]研究提出"长跑属于体能主导类耐力性项目,运动技术起着重要作用,其运动技术特征表现为经济、省力、实效,推迟疲劳的出现"。Saunders,P.U[111]也在其研究中提出"跑步经济性的典型定义是次最快跑速所需能量,通过测量平稳状态下的摄氧量和呼吸交换率来确定。考虑到身体素质因素,具有良好跑步经济性的运动员需要的能量较小。若速度一致,比具有较差跑步经济性的运动员需要的氧气少,跑步经济性和中长跑的成绩有着很强的关系"。Papen.H 的研究[112]提出"在基础训练阶段,重点应该是学习,也就是说,动作的质量要比数量更重要"。综上所述,可见少年长跑运动员基础训练阶段的技术训练对运动员的长期发展具有重要作用。

对我国长跑项目青少年运动员执教教练员进行技术训练问

卷调查,结果显示:认为技术训练"一般"和"不太重要的"占42.9%,认为技术训练"非常重要"和"比较重要"的占57.1%;经常组织队员进行技术诊断和评价的仅占26.9%。这说明我国长跑项目青少年运动员执教教练员对基础训练阶段技术训练的重要性还存在一定分歧,基础训练中组织技术诊断和评价状况较差。在调研和访谈中,较多的教练员认为"长跑项目跑得多了,动作熟练自动化了,自然就经济节省化了,不需要专门进行技术练习",而且在训练中仅仅在准备活动和整理活动中安排一些小步跑、高抬腿跑、车轮跑、后蹬跑等手段作为技术练习的方式,这是远远不够的。

对女子运动员基础训练阶段周身体训练和周技术训练时间进行调研,结果显示(表41):我国女子运动员基础训练阶段身体训练最少为10h/w,最多为19h/w,平均为15.75h/w(S为1.87);技术训练最少为0h/w,最多为3.5h/w,平均为1.29h/w(S为0.74);技术训练与周时数之比最小为0,最大为0.194,平均值为0.076(S为0.044)。数据一致性程度上,身体训练(0.12)＞技术训练(0.57)＞技术训练/周时数(0.58)。

表41 我国长跑项目青少年女子运动员基础训练
阶段身体和技术训练周安排表(n=63)

内容	身体训练(h/w)	技术训练(h/w)	技术训练/周时数
$\bar{x}$	15.75	1.29	0.076
S	1.87	0.74	0.044
C.V	0.12	0.57	0.58

调查数据显示,我国女子运动员基础训练阶段技术训练安排比例存在较大差异(标准差较大,数据一致性程度较低;且0.194＞技术训练比例＞0,范围较大),周技术训练时间占周训练时数平均为7.6%,大大低于《大纲》中规定的技术训练15%的比例[74]。从图18中可以直观地看出,在我国女子长跑少年运动员基础训练

阶段,教练员对技术训练的重要性存在模糊认识,存在着技术训练比例过低,身体素质训练比例过高,技术和身体素质安排比例较为严重的失调现象。

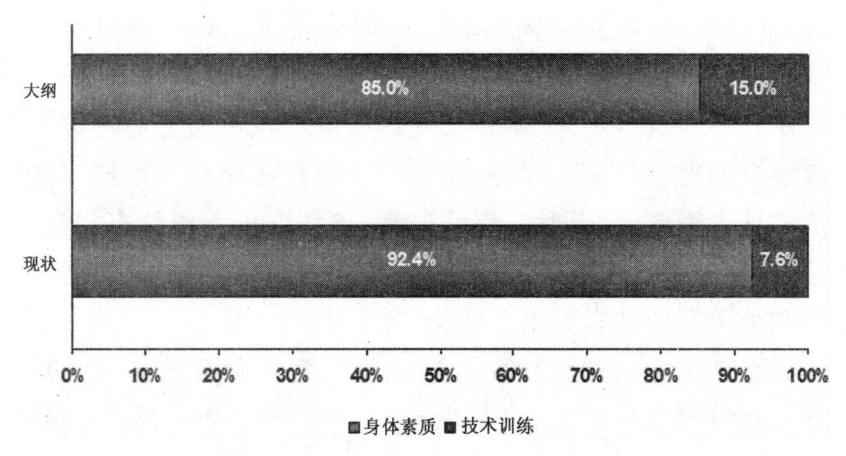

图18 我国长跑项目青少年女子运动员基础训练阶段身体素质和技术训练安排与《大纲》比较示意图

4.3.3.3 多项训练安排

《国际田联青少年计划》中建议[72]"7－12岁进行少儿田径的基本技能学习,并认为7－12岁是培养田径兴趣、成就动机、多项协调能力,打好全面身体基础的全面训练阶段"。"而在罗马尼亚,男、女少年运动员在14岁前均不允许参加任何单项比赛,只进行少年多项训练和少年全能训练。苏联在少儿运动员训练中主要通过全能多项训练促进其身体协调发展和运动水平的不断提高;在男女少年中分别开展十项和七项全能项目,对器械和规则进行改革;对青少年时期教练员和运动员的主要任务进行了明确规定"[28]。

我国学者王保成[30]提出"基础训练教学阶段,应该全面发展运动员身体素质、掌握多种运动技能和多项田径技术"。我国学者宋广林在其研究中提出了如下对策[28]"如取消不必要的少儿田径单项比赛、制定多项训练计划、制定少年儿童多年训练大纲、改变考核内容,以学生的基本技术、身体发育、运动素质是否达到要求以及向上一级运动队输送了多少优秀人才为评价标准,抓好规范化技术教学等"。

综上所述,结合理论部分的"运动员全面训练阶段研究"和"国内外基础训练、竞赛体制研究"可见,女子运动员基础训练阶段以全面发展为目标,安排多项训练是公认的观点。此外,前述青少年问卷调查显示"少年儿童基础训练阶段是培养心理能力和兴趣动机的关键时期",因此,在女子运动员基础训练阶段安排较多的多项训练或全能训练,保证训练内容、方法手段的多样化,也是符合少年长跑运动员生理和心理特征的,对运动员全面能力的培养和长远发展都有着重要的作用。

对青少年运动员执教教练员基础训练阶段有关多项(跨项)训练安排情况进行调查,结果发现:"安排训练内容、方法和手段变化情况"中,15.9%教练员选择的是"变化很大"和"变化较大",而84.1%教练员选择的是"变化一般"和"变化不大";教练员除了专项之外,还经常安排运动员从事的训练项目排序依次为排球、篮球、足球、羽毛球、游戏。但是,从调研和访谈来看,约60%的教练员仅仅把多项训练看作为"准备活动或者是整理活动中用来提高运动员兴趣,调整训练课气氛的作用。教练员重点考虑的是运动员不受伤即可,而不是促进青少年长跑运动员基础训练阶段全面能力的发展和兴趣动机的培养",部分教练员认为"其他项目运动量或强度不好控制、容易造成损伤、不好管理;会对长跑运动员技术产生不良迁移;硬件设施资源有限,限制了多项训练的进行"等。

调查结果显示,青少年运动员执教教练员对多项训练在基础训练阶段运动员全面能力发展和兴趣动机培养中的作用认识较为模糊;我国青少年长跑运动员基础训练阶段训练内容、方法和手段单一,缺乏多样性,多项(或跨项)训练安排较少;多项训练不足导致训练过度集中于专项,偏离基础训练的根本任务,对运动员正常发展造成不可挽回的影响。因此,必须通过青少年竞赛体制改革,提升软硬件条件,为多项(跨项)训练或全能训练提供保障。

4.3.3.4 力量训练状况

国外学者对长跑运动员的力量训练已经进行了相当深入的研究。Saunders, P. U[111]研究提出"力量训练有助于提高长跑运动员的无氧特征,缩短触地时间和产生快速力量,可以使肌肉更好地利用弹性能量,减少运动中能量的损失"。"Crawley, J[113]对中长跑运动员进行为期9周的力量训练实验研究,结果清晰地表明同时进行爆发力和耐力训练会提高耐力项目成绩,运动员跑的时间、跑步经济性和肌肉爆发力值都有提高,但最大摄氧量能力没有改变"。Rankin, R[115]研究提出"运动员出现明显的'核心控制'生物力学官能障碍,可以导致成绩下降、动作不经济、易受损伤等。良好的'核心稳定性'有助于优化跑步成绩,发现并修改生物力学错误,恢复和预防躯干、脊柱和骨盆及下肢力学链的损伤"。由此可见,长跑运动员具有良好的力量训练水平和"核心稳定性",将能够提高跑步的经济性、减少损伤风险、提高运动成绩。

对我国长跑项目青少年运动员执教教练员基础训练阶段力量训练状况进行调查,结果发现:只有7.9%的教练员"比较经常"安排力量训练,54.0%的教练员安排力量训练状况"一般",38.1%的教练员"不经常"安排力量训练;93.7%的教练员认为核心力量"非常很重要"和"比较重要";19.1%的教练员在训练中安排核心力量训练的情况"一般",57.1%的教练员不是很经常安排核心力量训练,23.8%的教练员未安排核心力量训练。由此可见,我国长跑项目基础训练阶段力量训练安排状况较差,从调研访谈来看,"教练员认为"长跑属于体能主导类耐力项目,力量训练并不是关键,不需要专门安排和监督";绝大多数教练员对核心力量训练的重要性有较为一致的看法,但是训练中安排核心力量训练的状况并不尽如人意,针对这一状况,教练员认为原因主要是"硬件设施匮乏,可能会造成肌肉肥大,从而影响技术动作等"。

我国学者王保成[30]提出"少年儿童应该选择合理的力量训练组合方式,防止采用大杠铃为主的大力量训练。如果忽视了小肌肉群力量的发展,容易发生关节、韧带和肌腱的损伤"。但从调研访谈结果来看,绝大多数(95.2%)青少年长跑运动员执教教练员在基础训练实践中大量采取一些力量训练的常规手段(例如:上下肢力量的抗阻训练、练习腹肌的仰卧肘撑直腿上下摆动、练习背肌的仰卧抱头起、练习体侧肌的侧卧抱头侧起、练习大腿外收肌的侧卧时上侧腿上抬、练习大腿内收肌的侧卧时下侧腿上抬等),而发展核心力量、小肌群力量、辅助肌群力量和深层肌群力量的力量练习手段并不常用。长跑项目力量训练的手段多种多样,如各种短跑、跳跃、山地跑等非器械练习均属于力量训练的一部分,而教练员在训练中采用这些多项(跨项)训练内容也较少。

此外,现代力量训练理论和研究表明[116][117][118],躯干部位的核心力量(深层及表层肌力)、关节周围与大脚趾等小肌肉群的训练必须采用相对专业的训练器械才能取得良好效果,教练员采用的常规训练手段虽然能够在一定程度上增强相应部位的力量,但远没有"悬吊训练、振动训练等"手段的效果好。由于基层训练条件的限制,各种功能性力量训练(悬吊训练、振动训练等)并不能很好的开展,制约了长跑项目基础训练阶段运动员核心力量、小肌肉群力量、辅助肌群力量和深层肌群力量的发展。

4.4 我国长跑项目青少年运动员基础训练阶段内容和负荷特点实证调研

在本节中,笔者将我国长跑项目中的青少年男女运动员结合起来进行全面分析,以便通过比较来突出我国长跑项目青少年女子运动员基础训练阶段的内容和负荷特点。

4.4.1 典型周训练结构调研

训练结构是指[119]"运动训练要素间相对稳定的关联所形成的训练整体构架,其核心要素由时间要素(训练周期)和空间要素(训练内容、训练负荷及训练方法手段)组成"。追踪调研对象情况见表42,年龄14－19岁,既有少年长跑运动员,也有部分青年长跑运动员。22名观察对象由一名教练员执教,同性别运动员负荷量安排相当,不同水平运动员绝对强度安排虽然有差异,但相对强度没有区别。因此,青少年男、女长跑运动员具有相似的典型周、月训练结构。

表42 青少年长跑运动员基本情况表(n=22人)

情况	人数	年龄(岁)	身高(cm)	体重(kg)	运动年限	一级	二级	三级
男	14	17.00±1.41	175.54±5.19	59.54±5.24	3.71±1.77	2	8	4
女	8	16.13±1.25	167.00±3.34	52.38±5.58	4.25±1.04	2	4	2

4.4.1.1 我国长跑项目青少年运动员基础训练阶段(专门)准备期大运动量周训练结构

"准备期训练的基本任务就是要提高运动员的竞技能力,并培养和促进竞技状态的形成;双周期中,冬春准备期较长,通常为4－5个月,夏秋准备期通常为1.5个月左右;准备期的素质训练以持续训练法和间歇训练法为主,负荷特点是量较大,强度相对较小"[120]。

表43是典型的青少年运动员基础训练阶段夏训(专门)准备期大运动量周训练结构表,从表中可知,此时的主要目的任务是发展一般耐力;训练手段主要为计时跑、越野跑、间歇跑等;准备活动方式主要为800m、拉伸、徒手操、跑跳练习等手段或者其组合,整理活动方式主要为4km、跑跳练习、力量练习、拉伸、按摩等方式或者其组合。

表 43 青少年运动员基础训练阶段复训(专门)准备期大运动量周训练结构表(大运动量周:5.25—5.31)

日期	上午(大运动量)							下午						
	目的任务	方法手段	准备活动	负荷量(男)	负荷量(女)	平均负荷强度(男)	平均负荷强度(女)	整理活动	目的任务	方法手段	准备活动	负荷量(男)	负荷量(女)	平均负荷强度(男)	平均负荷强度(女)	整理活动
周一	一般耐力	匀速跑	800m	14km	10km	4.5m/s	4.0m/s	800m,拉伸	一般耐力	50min跑	4km	12km	10km	4.0m/s	3.3m/s	4km,拉伸
周二	一般耐力	匀速跑	无	12km	10km	4.4m/s	3.8m/s	跑跳练习	专项耐力	400m间歇跑	4km	6km	6km	6.2m/s	5.3m/s	4km,拉伸,按摩
周三	一般耐力	匀速跑	徒手操	12km	10km	4.4m/s	3.8m/s	拉伸	调整恢复	篮球、羽毛球	无	无强度要求(约5km)			力量练习
周四	一般耐力	匀速跑	800m,拉伸	14km	10km	4.5m/s	3.9m/s	跑跳练习,拉伸	专项耐力	1500m间歇跑	4km,跑跳练习	6km	6km	5.8m/s	5.0m/s	4km,拉伸,按摩
周五	一般耐力	匀速跑	徒手操	16km	12km	4.5m/s	4.0m/s	拉伸	一般耐力	越野跑	无	20km	16km	无强度要求 || 无
周六	一般耐力	匀速跑	徒手操	14km	10km	4.4m/s	3.8m/s	拉伸	一般耐力	越野跑	无	20km	16km	无强度要求 || 无
周日	一般耐力	越野跑	徒手操	20km	16km	4.4m/s	3.6m/s	拉伸	休息							

图 19 是青少年运动员基础训练阶段(专门)准备期大运动量周训练内容安排饼图,其中,训练总跑量男子为 198km/周,女子为 164km/周;技术训练时间为 1h/w,占 4.4%;身体训练时间为 21.5h/w,其中,力量训练时间为 1h/w,占 4.4%,速度训练时间为 1h/w,占 4.4%,耐力训练时间为 16h/w,占 71.1%,球类活动时间为 1.5h/w,占 6.8%,其他内容 2h/w,占 8.9%。Pfitzinger,P 研究提出[121]"取得中长跑成功的两个主要速度训练分别是:最大摄氧量训练,以及在技术训练过程中提高速度。上述两点可以帮助提高协调能力和速度"。从图中可以看出,青少年长跑运动员基础训练阶段(专门)准备期大运动量周训练内容安排中,不仅技术训练比例大大低于《大纲》要求的 15% 的比例,而且速度训练和力量训练的比例也相对较低。此外,缺乏协调能力训练的专门安排,训练内容多样化程度较低。

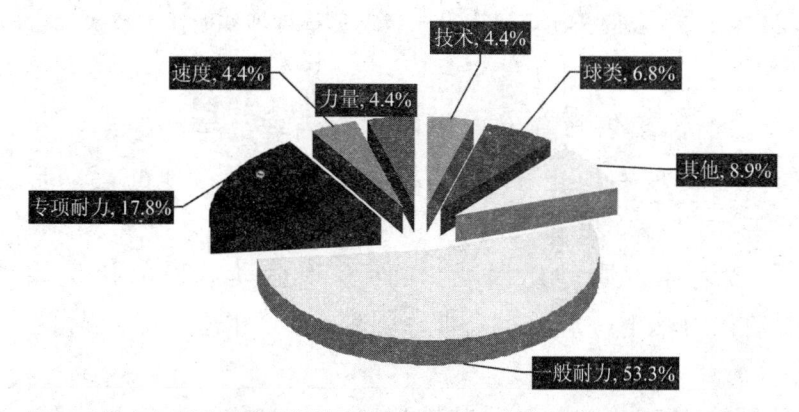

图 19 青少年运动员基础训练阶段(专门)准备期大运动量周训练内容安排

图 20 是青少年男、女长跑运动员基础训练阶段(专门)准备期大运动量周训练负荷变化图,两者变化趋势基本相同。从表 43 训练的实际安排来看,上半周通过负荷量的持续减少来保持较高的负荷强度,下半周则通过负荷强度的持续减少来保持较高的负荷量;通过周三和周日的调整,保证周二和周四专项耐力训练的效果。从图 20 中可以直观地看出,大运动量周训练节奏变化鲜明,属于典型的周训练计划"两段"结构,之所以如此安排,目的是保证运动员在适宜训练负荷的情况下,保持良好的体

能和恢复状况。

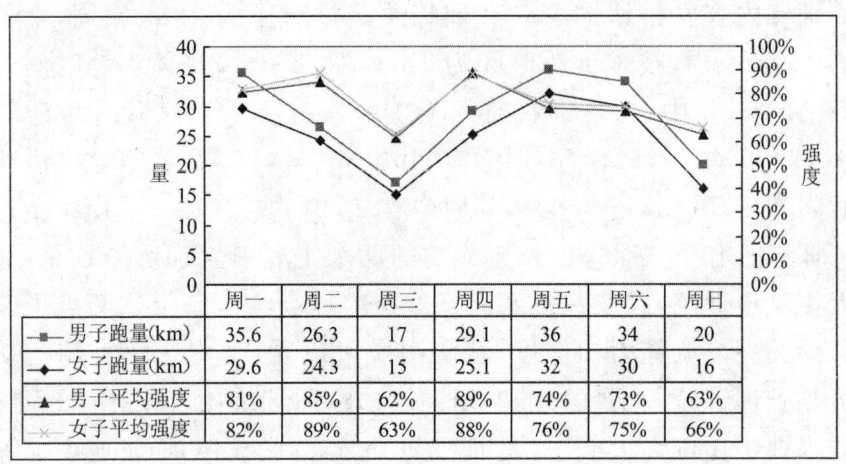

	周一	周二	周三	周四	周五	周六	周日
男子跑量(km)	35.6	26.3	17	29.1	36	34	20
女子跑量(km)	29.6	24.3	15	25.1	32	30	16
男子平均强度	81%	85%	62%	89%	74%	73%	63%
女子平均强度	82%	89%	63%	88%	76%	75%	66%

图 20 青少年男、女长跑运动员基础训练阶段(专门)准备期大运动量周训练负荷变化图

4.4.1.2 我国长跑项目青少年运动员基础训练阶段赛前大强度周训练结构

"赛前训练周和基本训练周计划内容的主要区别在于,训练的内容更加专项化,采用的练习更加接近专项的运动形式,练习的组织形式更加接近于专项的比赛特点。在素质训练方面,一般运动素质的比例减少,而专项运动素质的比例增加。负荷变化的基本特点是提高训练强度,与其相应的是负荷量适当减少"[122]。

表 44 是青少年运动员基础训练阶段赛前大强度周训练结构表,负荷强度采用两种方式计算[123]:第一,采用运动员训练时平均速度与其相应距离最好成绩时平均速度之比来计算,第二,辅助采用心率监控对象训练时平均心率和最高心率(220－年龄)之比来计算。从表中可知,周训练总量男子为 153.7km,女子为 127.1km,明显低于大运动量周;周课次略低于大运动量周的 13 次/周,为 12 次/周;专项耐力练习内容安排明显增多(4×2 000m 递增负荷测试、800m 间歇跑、200m 间歇跑),其余训练内容手段和大运动量周基本相似。

4 结果与分析

表 44 青少年运动员基础训练阶段赛前大强度周训练结构表

大强度周:6.8—6.14

日期	上午(大强度)							下午						
	目的任务	方法手段	准备活动	负荷量(男)	负荷量(女)	平均负荷强度(男)	平均负荷强度(女)	整理活动	目的任务	方法手段	准备活动	负荷量(男)	负荷量(女)	平均负荷强度(男)	平均负荷强度(女)	整理活动
周一	一般耐力	匀速跑	跑跳练习	14km	10km	4.5m/s	3.8m/s	400m、拉伸	一般耐力	50min跑	4km	12km	10km	4.0m/s	3.3m/s	力量练习、拉伸
周二	一般耐力	匀速跑	徒手操	12km	10km	4.4m/s	3.8m/s	400m、拉伸	专项耐力	4×2000m递增负荷测试	1.2km	8km	8km	4.8m/s	4.2m/s	拉伸、按摩
周三	一般耐力	匀速跑	800m	14km	10km	4.5m/s	3.8m/s	拉伸	调整恢复	休息						
周四	一般耐力	匀速跑	800m、拉伸	12km	10km	4.4m/s	3.9m/s	跑跳练习、拉伸	专项耐力	800m间歇跑	800m	6.4km	4.8km	6.0m/s	5.3m/s	4km,拉伸、按摩
周五	一般耐力	匀速跑	拉伸	14km	10km	4.4m/s	3.8m/s	拉伸	调整恢复	篮球、排球	无	无强度要求(约5km) ||		无
周六	一般耐力	匀速跑	徒手操	12km	10km	4.4m/s	3.9m/s	拉伸	专项耐力	200m间歇跑	4km,跑跳练习	3km	2km	7.4m/s	6.3m/s	4km、力量练习、拉伸、按摩
周日	一般耐力	越野跑	无	20km	16km	无强度要求 || 休息								

155

图 21 是青少年运动员基础训练阶段赛前大强度周训练内容安排饼图,其中,技术训练时间为 1h/w,占 4.8%;身体训练时间为 20h/w,其中,力量训练时间为 2h/w,占 9.5%,速度训练时间为 3h/w,占 14.3%,耐力训练时间为 13h/w,占 61.9%,球类活动时间为 1.5h/w,占 7.1%,其他训练时间为 0.5h/w,占 2.4%。和(专门)准备期大运动量周训练内容安排(图 19)相比,从图 21 中可以直观地看出,速度训练、力量训练和专项耐力训练的比例均有不同程度的增加。

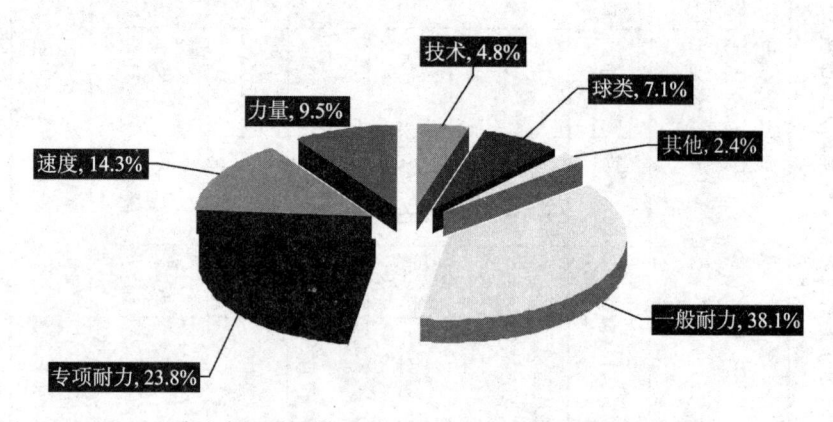

图 21 青少年运动员基础训练阶段赛前大强度周训练内容安排

对青少年运动员基础训练阶段赛前大强度周训练负荷进行统计,两者变化趋势基本相同(图 22)。从两轴折线图中可以直观地看出,女子周负荷量低于男子,而周负荷强度略高于男子;前半周通过量的持续减少,来保持高强度的负荷,后半周通过周五的调整,使周六继续保持高强度的负荷;和大运动量周不同的是通过负荷量的整体减少,来保证周负荷的高强度;大强度周训练节奏鲜明,同样属于典型的"两段式"周训练结构,目的是使周训练保持较高的专项化程度,促使运动员竞技状态的形成。

4 结果与分析

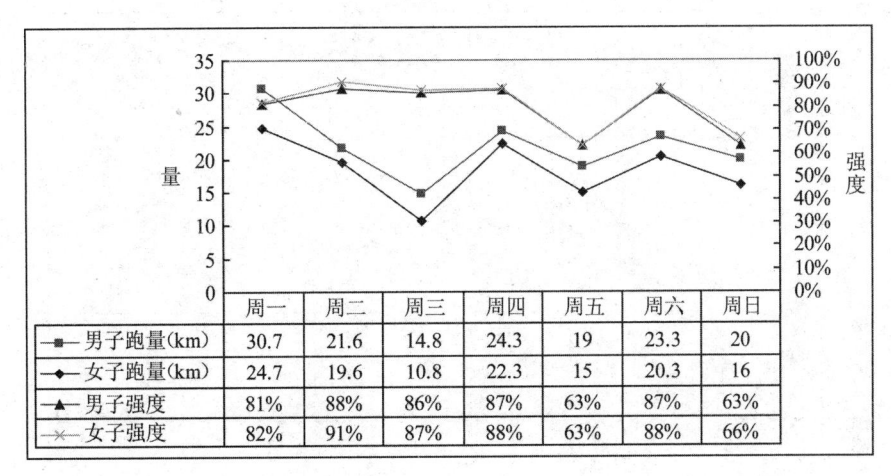

	周一	周二	周三	周四	周五	周六	周日
男子跑量(km)	30.7	21.6	14.8	24.3	19	23.3	20
女子跑量(km)	24.7	19.6	10.8	22.3	15	20.3	16
男子强度	81%	88%	86%	87%	63%	87%	63%
女子强度	82%	91%	87%	88%	63%	88%	66%

图 22 青少年运动员基础训练阶段赛前大强度周训练负荷变化图

4.4.2 赛前六周训练结构调研

4.4.2.1 赛前六周重点训练课结构分析

4.4.2.1.1 赛前六周重点训练课内容手段安排

为分析青少年长跑运动员基础训练阶段赛前月训练运动学特征,对其赛前六周训练内容进行整理。由于晨练内容均为匀速跑(男子 10－16km,女子 10－12km)或越野跑(男子 20km,女子 16km),且强度基本一致,因此,仅对下午重点训练课训练内容进行整理统计(表 45)。但对周训练负荷按周各课次逐一进行详细统计。

表 45 统计结果显示,青少年运动员基础训练阶段赛前六周重点训练课训练内容的安排中,专项耐力训练课负荷量明显低于一般耐力训练课,负荷强度明显高于一般耐力训练课;专项耐力训练课强度为 88%－96%,一般耐力训练课强度在 63%－87%之间;随着比赛期的临近和周平均训练强度的增加,周课次呈递减趋势;男子负荷量在不同程度上均大于或等于女子负荷量,绝大多数女子平均负荷强度均略大于男子负荷强度。

表45 青少年长跑运动员基础训练阶段赛前六周重点训练课训练内容安排结构表

周次	主课时间安排(5.12—6.20)	训练手段	手段性质	运动量 男	运动量 女	运动强度 男	运动强度 女	周总课次	周训练总量 男	周训练总量 女	周平均强度 男	周平均强度 女
第一周	周二	50min计时跑	一般耐力	22.3km	18.3km	86%	87%	13次	184.9km	160.9km	73%	75%
	周四	400m间歇跑	专项耐力	14km	14km	88%	96%					
	周六	4×2000m跑	专项耐力	13.2km	13.2km	93%	96%					
第二周	周二	200m间歇跑	专项耐力	11km	10km	89%	93%	13次	161.5km	136.9km	78%	81%
	周四	800m间歇跑	专项耐力	15.2km	13.6km	90%	93%					
	周六	400m间歇跑	专项耐力	11.5km	11.5km	88%	96%					
第三周	周二	400m间歇跑	专项耐力	14km	14km	88%	96%	13次	198km	164km	75%	77%
	周四	1500m间歇跑	专项耐力	14.3km	14.3km	93%	89%					
	周六	越野跑	一般耐力	20km	16km	63%	66%					

续表

周次	主课时间安排(5.12—6.20)	训练手段	手段性质	运动量 男	运动量 女	运动强度 男	运动强度 女	周总课次	周训练总量 男	周训练总量 女	周平均强度 男	周平均强度 女
第四周	周二	4×2000m跑	专项耐力	9.2km	9.2km	93%	96%	13次	183.3km	157.3km	82%	84%
	周四	50min计时跑	一般耐力	16km	14km	74%	74%					
	周六	爬泰山月赛	专项耐力	30km	30km	93%	94%					
第五周	周二	4×2000m跑	专项耐力	9.2km	9.2km	93%	96%	13次	153.7km	127.1km	80%	81%
	周四	800m间歇跑	专项耐力	11.2km	9.6km	90%	93%					
	周六	200m间歇跑	专项耐力	11km	10km	89%	93%					
第六周	周二	50min计时跑	一般耐力	20km	18km	76%	76%	13次	163.1km	143.1km	84%	85%
	周四	越野跑	一般耐力	20km	16km	63%	66%					
	周六	爬泰山季赛	专项耐力	20km	20km	100%	100%					

4.4.2.1.2 赛前六周重点训练课一般耐力和专项耐力负荷量安排

表46是青少年长跑运动员基础训练阶段赛前六周重点训练课一般耐力和专项耐力负荷量安排表。统计结果显示,男子六周负荷总量1 044.5km,其中,一般耐力为98.3km,占六周负荷总量的9.41%,专项耐力为183.8km,占六周负荷总量的17.60%;女子六周负荷总量889.3km,其中,一般耐力为82.3km,占六周负荷总量的9.25%,专项耐力为178.6km,占六周负荷总量的20.08%。就六周重点课次负荷量而言,男子运动员专项耐力负荷量占六周重点课负荷量的65.15%,女子运动员占68.46%。

数据分析表明,青少年长跑运动员基础训练阶段专项耐力在六周负荷总量中虽占比例较小,但相对于六周重点课次负荷量而言,却占较大比重。由此可见,青少年长跑运动员基础训练阶段,存在训练效益不高的现象(有效训练内容相对较少,过于集中于专项耐力训练),也存在专项化程度相对较高的现象(专项耐力负荷量与六周重点课次负荷量比值较高)。

表46 赛前六周重点训练课一般耐力和专项耐力负荷量安排表

周次 内容	第1周 (km)	第2周 (km)	第3周 (km)	第4周 (km)	第5周 (km)	第6周 (km)	合计 (km)
一般耐力(男)	22.3	0	20	16	0	40	98.3
专项耐力(男)	27.2	37.7	28.3	39.2	31.4	20	183.8
周负荷总量(男)	184.9	161.5	198	183.3	153.7	163.1	1044.5
一般耐力(女)	18.3	0	16	14	0	34	82.3
专项耐力(女)	27.2	35.1	28.3	39.2	28.8	20	178.6
周负荷总量(女)	160.9	136.9	164	157.3	127.1	143.1	889.3

4.4.2.2 青少年长跑运动员基础训练阶段赛前六周训练负荷分析

4.4.2.2.1 赛前六周训练负荷总体特征分析

图23是青少年长跑运动员基础训练阶段赛前六周训练负荷变化特征图。统计结果显示,赛前六周男子周平均跑量为174.08km(S为17.14),女子周平均跑量为148.22km(S为14.78);男子周平均强度为78.67%(S为4.18),女子周平均强度为80.50%(S为3.89)。

	第一周	第二周	第三周	第四周	第五周	第六周
男子周总跑量(km)	184.9	161.5	198	183.3	153.7	163.1
女子周总跑量(km)	160.9	136.9	164	157.3	127.1	143.1
男子周平均强度	73%	78%	75%	82%	80%	84%
女子周平均强度	75%	81%	77%	84%	81%	85%

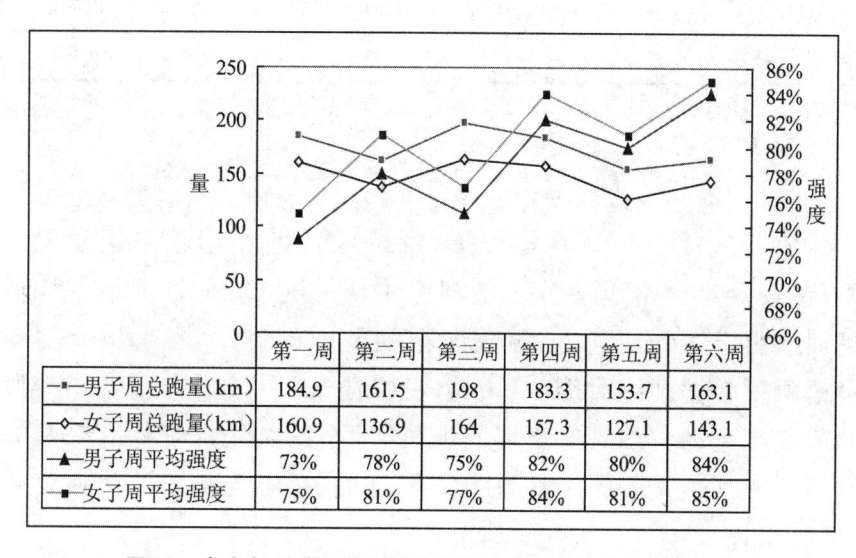

图23 青少年运动员基础训练阶段赛前六周训练负荷变化图

从两轴折线图中可以直观地看出,负荷量和强度的安排具有鲜明的节奏变化。赛前六周通过增量减强度、减量增强度来保证训练持续较高的负荷,逐渐促使运动员竞技状态的形成;随着比赛的临近,周平均强度逐渐增大,周总跑量逐渐减少;各周负荷总量男子均高于女子,各周平均负荷强度女子均高于男子。

《全国青少年奥运项目教学训练大纲》和《田径运动高级教程》(简称《教程》)中对长跑各训练阶段的负荷量均有明确的规定(表47)[74][64]。从统计结果来看,青少年长跑运动员基础训练阶段赛前六周平均负荷量(男子174.08km、女子148.22km)均大幅度超过《大纲》(50—70km)和《教程》(70—90km)所规定的周最大负荷量,甚至达到专项提高阶段的周最大负荷量标准。

表 47 青少年运动员各训练阶段训练负荷量标准表

内容阶段		基础训练	初级专项	专项提高	最佳竞技	竞技保持
年度负荷总量	《大纲》	2 000—4 000	4 000—6 000	5 000—7 000	7 000—8 000	7 000—8 000
	《教程》	3 000—4 000	4 000—6 000	5 000—7 000	7 000—8 000	7 000—8 000
最大周负荷量	《大纲》	50—70	80—100	150—180	200—240	200—220
	《教程》	70—90	100—120	150—180	200—240	200—220
最大课负荷量	《大纲》	12—15	15—20	20—25	20—30	20—25
	《教程》	12—15	15—20	20—25	20—30	20—25

4.4.2.2.2 赛前六周训练中有氧、无氧比例分析

随着现代竞技体育的发展,训练监控的作用越来越显得重要,在青少年长跑运动员基础训练中明确有氧、无氧训练的比例是训练由定性到定量,由粗放向精细的质的飞跃。《全国青少年奥运项目教学训练大纲》[74]中也明确提出"一般耐力对各年龄段的中长跑运动员均具有重要的地位,可采用有氧训练提高呼吸和循环系统功能,提高一般耐力。训练的基本要求是运动强度较小,时间较长"。

我国学者陈小平研究提出[124]"一般耐力训练的强度必须在有氧范围之内,心率和血乳酸等指标不能超出有氧水平;训练时间应主要满足有氧训练的要求,而不受专项比赛时间的影响;训练的方式应该多样化,最好与协调能力训练相结合;有氧训练强度是一个较宽泛的区域,一般将血乳酸值小于 2—3mmol/l 或心率在 150 次/分以下的运动强度视为有氧训练强度;在有氧训练区域里,又分为恢复/代偿性有氧训练(强度<70%)和基础耐力训练(强度 70—90%)"。此外,我国学者窦文浩、翟士岭和王林[135](1993)在其研究中提出"竞走运动员血乳酸达 3mmol/l 阈值速度临界点时,平均心率为 162 次/分。研究中还提到希腊国

际运动与训练生理生化会议上有人根据脉搏输出量和心输出量确定无氧阈,结果是:在无氧阈运动时,心率(HR)为153次/分"。由此可见,有氧和无氧训练的心率临界值应该在150－160次/分左右的范围,专项和个体不同可能会有所差异。

图24是青少年长跑运动员基础训练阶段晨练中典型的12km匀速跑课次全程(从运动员准备活动开始至训练结束)心率监控图。统计结果显示,全程心率最小为84bpm,最高为203bpm,平均为174bpm。由此可见,晨练"一般耐力"的平均运动强度已经在一定程度上超过160次/分左右的有氧训练心率范围,其训练强度高达86%,甚至达到了专项耐力训练的强度范围,并没有达到晨练一般耐力有氧训练的目的。

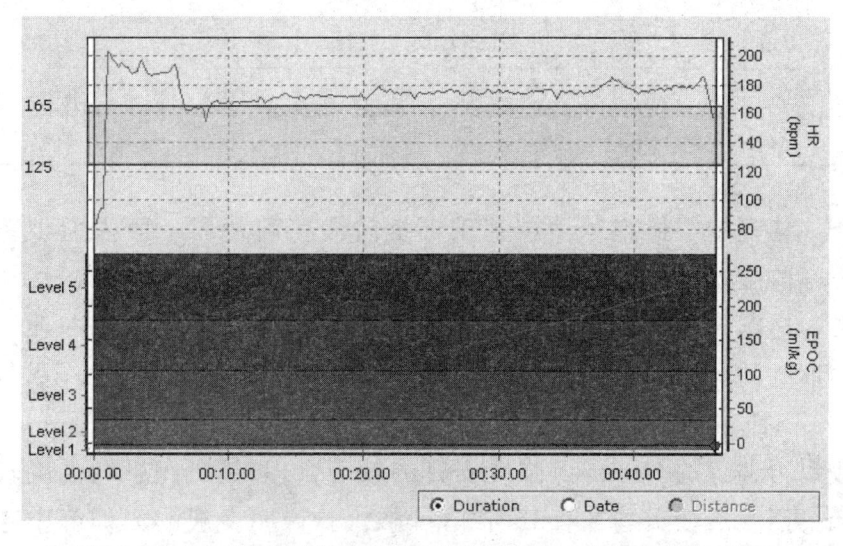

图24 青少年长跑运动员基础训练阶段晨练12km匀速跑全程心率图

对青少年长跑运动员基础训练阶段赛前六周一般耐力(匀速跑34次、50min跑10次、越野跑9次,共53次)中的部分训练(共29次)进行全程心率监控。统计结果显示(表48),男子12次匀速跑平均心率为163.31次/分(S为7.08),男子5次50min跑平均心率为148.60次/分(S为4.98),男子1次越野跑平均心率为127次/分;女子8次匀速跑平均心率为161.38次/分(S为6.72),女子2次50min跑平均心率为136.50次/分(S为2.12),

女子 1 次越野跑平均心率为 136 次/分;一般耐力训练中,男子平均心率超过 160 次/分的有 9 次,低于 160 次/分的有 9 次,女子平均心率超过 160 次/分的有 4 次,低于 160 次/分的有 7 次。

表 48 青少年长跑运动员基础训练阶段赛前六周一般耐力训练心率监控表

内容心率	次 数	平均心率（次/分）	标准差	>160 次/分次数	<160 次/分次数
男子匀速跑	12	163.31	7.08	9	3
男 50min 跑	5	148.60	4.98	0	5
男子越野跑	1	127		0	1
合计	18			9	9
女子匀速跑	8	161.38	6.72	4	4
女 50min 跑	2	136.50	2.12	0	2
女子越野跑	1	136		0	1
合计	11			4	7

从青少年长跑运动员基础训练阶段赛前六周一般耐力训练心率监控统计结果来看,晨练女子(共 4 次)和男子(共 9 次)运动员匀速跑训练平均心率均超出有氧训练范围,说明晨练中一般耐力训练的匀速跑强度过大,并没有达到有氧训练的目的;下午 50min 跑中,男、女子运动员均在有氧训练范围之内,说明下午一般耐力训练的 50min 跑强度安排的较为合理;越野跑平均强度较低,男、女运动员均在有氧训练范围之内,说明一般耐力训练中越野跑的强度安排也是合理的;从一般耐力整体训练强度状况来看,男子运动员共有 9 次超出有氧训练范围,占 50.0%,女子运动员共有 4 次超出有氧训练范围,占 36.4%,这说明男、女运动员一般耐力训练中监控不足,尤其是晨练中一般耐力训练的匀速跑训练强度过大,部分其实是无氧训练。

不考虑训练课的目的,仅仅根据心率和跑速监控(专项耐力、力量训练课和比赛均属于无氧或混氧训练课,球类均属于有氧训练课),对青少年长跑运动员基础训练阶段赛前六周有氧训练课

4 结果与分析

次进行统计(表49),结果显示,青少年长跑运动员基础训练阶段赛前六周有氧训练课次安排中,男子有氧训练课次34次,占47.2%,无氧和混氧训练课次38次,占52.8%;女子有氧训练课次42次,占58.3%,无氧和混氧训练课次30次,占41.7%。

表49 青少年长跑运动员基础训练阶段赛前六周有氧训练课次统计

内容课次	总课次	有氧训练课次	无氧或混氧训练课次
男	72	34	38
女	72	42	30

《全国青少年奥运项目教学训练大纲》中提出[74]"青少年长跑运动员基础训练阶段有氧代谢训练应该占85%,无氧代谢应该占5%,混合代谢应该占10%"。从图25《大纲》和现状男、女有氧训练课次比例比较图中可以直观地看出,青少年长跑男、女运动员基础训练阶段赛前六周有氧训练课次比例均在一定程度上低于《大纲》标准(女子有氧训练比例略高于男子),有氧训练不足;如前统计负荷量已经大大超过《大纲》标准,训练的高强度比例必然会导致训练的高负荷、高度专项化;同《大纲》相比,有氧和无氧(混氧)训练比例存在失调和倒置情况。

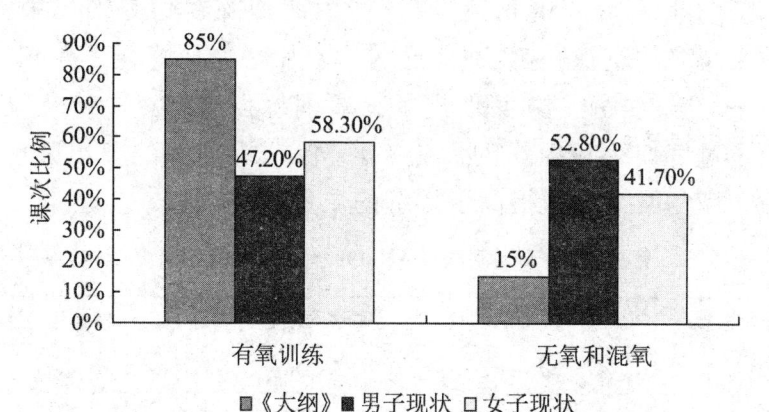

图25 青少年长跑运动员基础训练阶段赛前六周
有氧训练课次比例与《大纲》的比较图

4.4.2.2.3 赛前六周训练中血乳酸监控分析

血乳酸(BLA)作为监控训练强度的重要指标,在训练实践中得到了广泛的应用。"第一,在周期训练中,通过考察 BLA-V 曲线的变化,能够定期对同一个体进行训练效果的评定;第二,能够确定有氧训练的适宜程度,即个体无氧阈(4mmol/L)时所对应的跑速;第三,能够指导无氧训练强度的制定,及确定 10-12mmol/l 时所对应的跑速来发展无氧代谢能力;第四,能够确定混氧代谢训练的适宜速度"[125]。在青少年女子长跑运动员基础训练阶段,可以将有氧阈、无氧阈和心率指标结合起来进行训练监控和评价(Italy,Rosa,2010)[126]。

我国学者陈小平[127]研究提出"乳酸阈模式最早由德国 Kindermann 提出,目前,耐力训练的两极化模式和金字塔模式在世界大多数耐力项目训练中占据主导地位。两极化模式中,训练通常采用低于乳酸阈的强度(约占总训练时间或距离的75%),或明显高于乳酸阈的强度(约 15%-20%),而很少采用乳酸阈强度(约 5%)。金字塔模式中,最高强度的无氧训练比例控制在年训练总量的 5%-10%,其余 80% 应该是有氧-无氧阈以下的中、低强度的训练"。由此可见,有氧能力的训练在耐力训练中得到了越来越多的重视,有氧训练比例的增加一方面降低了年训练负荷的平均强度,另一方面促进了无氧训练强度的进一步提高,既降低了过度训练和损伤的发生率,又保证了训练的突出强度,从刺激和恢复两个方面提高了训练的质量。

表50 青少年女子长跑运动员 4×2 000m 递增负荷血乳酸测试方案

方案段落	平均圈时	平均圈速	平均强度
1	120s/lap	3.3 m/s	约66%
2	105s/lap	3.8m/s	约76%
3	90 s/lap	4.45m/s	约90%
4	80s/lap	5m/s	约100%

因此,在赛前倒数第六周周六和一个月后的倒数第二周周二,分别采用$4×2\,000m$递增负荷血乳酸测试(表50),对青少年长跑运动员基础训练阶段赛前准备期训练强度进行监控,通过测试来确定运动员个体无氧阈时所对应的跑速,为发展运动员的基础耐力提供相应指标依据;还可以通过训练前后曲线的移动情况,来评价有氧训练的效果,并为下一阶段的训练提供指导。测试对象分别为青少年女子长跑运动员4名,均为一级,具体情况详见表51。

表51 青少年女子长跑运动员$4×2\,000m$递增负荷血乳酸测试对象基本情况

姓名	性别	年龄	身高(cm)	体重(kg)	专项	级别	最好成绩
郑﹡﹡	女	17	170	56	5 000m	一级	17′08″
刘﹡	女	16	165	49	5 000m	一级	17′03″
邹﹡﹡	女	16	170	54	5 000m	一级	17′10″
王﹡	女	17	170	50	5 000m	一级	17′02″

在准备活动(慢跑1.2km)前后测试心率(测试10s心率,换算成1min心率)和血乳酸(指血),之后在每个2 000m段落后即刻和最后一个2 000m后5min,共进行6次心率和血乳酸测试,段落间歇2min。赛前倒数第二周周六(始)和一个月后倒数第二周周二(末)测试结果见表52。

表52 青少年女子长跑运动员训练始末心率和血乳酸变化表

内容		① LA	① HR	② LA	② HR	③ LA	③ HR	④ LA	④ HR	⑤ LA	⑤ HR	⑥ LA	⑥ HR
郑﹡﹡	始	1.08	60	2.21	120	5.31	162	9.22	174	17.13	198	13.26	120
	末	1.04	60	2.15	126	5.34	168	9.15	174	16.87	198	12.87	112
刘﹡﹡	始	1.03	66	2.22	126	5.20	174	9.40	162	16.92	192	14.11	126
	末	0.92	60	1.93	120	5.16	174	9.28	162	16.86	186	13.84	126
邹﹡﹡	始	1.12	60	2.62	132	5.24	180	9.78	162	16.15	198	14.73	120
	末	1.15	66	2.57	126	5.36	174	9.65	162	16.26	198	14.56	126
王﹡	始	1.21	60	2.15	120	5.92	174	9.19	162	15.59	192	12.61	108
	末	1.07	60	2.14	120	5.08	174	9.05	168	15.38	186	12.17	102

注:LA为血乳酸,HR为心率。

从 4×2 000m 递增负荷血乳酸测试结果来看,第一轮测试中(始),心率最高为 198 次/分,血乳酸最高达到 17.13mmol/l;第二轮测试中(末),心率最高为 198 次,血乳酸最高达到 16.87mmol/l;从最后一个 2 000m 后 5min 心率和血乳酸变化,可以看出郑 ** 和王 * 两名运动员恢复较快。

通过对青少年长跑运动员基础训练阶段的典型训练课进行血乳酸监控,尤其是确定个体无氧阈所对应跑速,能够使运动员找到发展有氧耐力的最适宜速度,确保有氧训练在其强度范围之内,使基础训练更加个体化和科学化。

4.4.2.2.4 赛前六周训练课准备活动和整理活动分析

在运动前后养成良好的准备活动和整理活动习惯,掌握科学的准备活动和整理活动方式,是使运动员身心进入良好的激活状态、降低运动损伤发生率、加速恢复过程的重要手段。

对青少年长跑运动员基础训练阶段赛前六周共 72 课次中的准备活动和整理活动进行统计(表53),结果显示,72 课次中无准备活动的 16 次,占 22.2%,准备活动时间最短为 5min,最长为 35min,平均 12.71min(S 为 9.09);72 课次中无整理活动的 11 次,占 15.3%,整理活动时间最短为 5min,最长为 45min,平均 15.56min(S 为 12.75)。

我国学者[128]研究提出"准备活动中慢跑、柔韧性练习(PNF 法)和专门技术练习的组合能够明显提高准备活动的效果,适宜的准备活动时间应该在 25min 左右,准备活动后心率应该比安静时增加 60－70 次/分,最佳的腋温范围为 37.8℃－38.8℃,应该根据运动员身心和环境状况灵活调整准备活动负荷"。另有研究[129]表明"为了提高成绩,准备活动必须包括 10min 持续性运动,应把心率提高到最大心率的 70%－80%"。

4 结果与分析

表53 青少年长跑运动员基础训练阶段赛前六周训练课准备和整理活动统计

内　容	次　数	时间($\bar{x}+S$)	方　式
准备活动	56	12.71±9.09	①慢跑400m－4km；②徒手操；③跑跳练习；④拉伸；⑤上述内容的简单组合。
整理活动	61	15.56±12.75	①慢跑4km；②跑跳练习；③拉伸；④按摩；⑤上述内容的简单组合。

结合表53统计结果，可见青少年长跑运动员基础训练阶段训练课次中存在一定比例无准备活动情况，准备活动属于训练课的有机整体，其缺失必然会对训练课的质量，以及运动员良好、科学训练习惯的养成、减少运动损伤的发生造成不利影响；准备活动平均时间远远低于25min，且实际过程也较为松散，远未达到10min持续性运动的要求，说明有准备活动的课次中，准备活动不充分，在一定程度上并没有达到最佳的准备活动效果；准备活动方式基本上为四种之一或其之间的组合，说明运动员和教练员对准备活动不够重视，不了解只有通过准备活动组合练习才能够达到最佳的准备活动效果。

另有国外学者研究[130]证实"运动后恢复期进行低强度的积极性活动可以加快乳酸消除的速率（Thiriet等，1993；Francaux等，1995；Ahmaidi等，1996）。运动时间越长，乳酸消除也就越慢（Freund等，1990）"。但是也有研究[47]提出"过度的拉伸会增加中长跑运动员发生运动损伤的可能性"。

结合表53的统计结果，可见整理活动的情况要略好于准备活动，平均时间也略长于准备活动，但整体状况也不尽如人意；运动员能够通过积极的各种整理活动组合方式来达到放松恢复的目的，但国外的研究提示长跑运动员整理活动中拉伸练习不能过度；从整理活动的实际情况来看，运动员拉伸时间并没有一定规格要求，使拉伸并没有真正达到放松和恢复效果。

表54是无准备活动和无整理活动课次的详细情况统计表，结果显示，无准备活动的课次排序分别为越野跑（50%）、球类

(31.3%)、匀速跑(12.5%)、力量练习(6.2%),无整理活动的课次排序分别为越野跑(72.7%)、球类(27.3%)。

从统计结果和实地调研来看,无准备活动和无整理活动课次最多的为越野跑和球类课次,从实际情况来看,主要是由于越野跑缺乏教练员的现场监督,且教练员和运动员均认为球类课次强度不大,不需要专门准备活动和整理活动;同样,在匀速跑、力量练习课次中,无准备活动多数情况是因为运动员训练因迟到未经准备活动而直接进入训练主体部分,或者没有教练员监督;无整理活动是因为运动员认为训练强度不大,自然恢复就可以;而所有的 11 次专项耐力训练课均有完整、充分的准备活动和整理活动,是由于教练员和运动员对这些重点课次比较重视,因此,一方面教练员能够对准备活动和整理活动较好的监督管理,另一方面是由于专项耐力课训练强度大,运动员能够自觉进行准备活动和整理活动。

表54 赛前六周无准备活动和无整理活动课次情况的统计

情 况	匀速跑	球 类	越野跑	力量练习	合 计
无准备活动	2	5	8	1	16
%	12.5%	31.3%	50%	6.2%	100%
无整理活动	0	3	8	0	11
%	0	27.3%	72.7%	0	100%

综上,教练员在青少年长跑运动员基础训练阶段,需要加强准备活动和整理活动的监督,并且加强训练考勤管理,尤其要使运动员掌握科学的准备活动和整理活动方法,并培养运动员良好的准备活动和整理活动习惯。

4.4.3 协调能力调研和测试

4.4.3.1 协调能力研究和训练现状

国内外学者对协调能力进行了诸多的研究。我国学者陈效范[27]研究提出"8—13岁进行各种动作技能和技术训练十分重要,应及时发展速度、灵敏和协调等素质",王保成[29]也提出"8—12岁少年儿童应该相应发展各项身体素质,如动作速度、反应速度、快速跳跃能力和运动协调能力等"。Starosta等人(1998)曾对433名少儿进行了5个项目的测试,认为"7—11岁是协调能力发展的敏感期,11—13.6岁是协调能力发展的关键期"。Felix-suslov[92](2008)在其研究中提出"田径运动训练,甚至竞赛体制,必须适合于每一个人的发育阶段,而不是实际年龄。运动员在较低年龄就正在被高度集中的某一项或者某一类相关的田径运动项目所取代。一般来说,儿童进行一些种类运动项目训练开始时间越早,他的运动生涯就越短,各个运动项目都要求复合的协调能力,儿童开始专门化的训练越早,他们最高成绩的保持阶段也将越短,其成绩水平也将低于由个人基因类型所决定的应有潜力水平"。由此可见,青少年长跑运动员基础训练阶段协调能力的培养和训练属于其最重要内容之一,对其进行实证测试研究具有重要意义。

目前,我国学者对协调能力研究较为系统的为张珂[132](2010年)的研究,在其研究中对协调能力的概念和内涵进行了详细的比较研究和界定,她提出协调能力结构应该包括反应能力、空间定向能力、本体感受能力、节奏能力、平衡能力、认知能力等方面,并对节奏和动作认知指标进行了开发,通过十字跳测试对协调能力进行了实证研究。

在我国运动选材测试中,是将协调和灵敏列在同一概念层次的,所列出的协调能力测试手段主要有[133]"反复横跨、十字跳、3m往返跑、滑步摸地、5m往返跑、36m移动、1min跳绳、45s跳绳、1min单摇或双摇跳绳、移步换球、立卧撑、十字变向折返跑"等,其中,有些手段与专项结合比较紧密,并不适合在青少年长跑运动员测试中采用。

我国学者阎智利等[134]对中日两国大学生体质评价方法进行了相关的比较研究,从中可以看出,中国体质评价方法中较大程度偏重于素质测试(尤其是耐力测试),如协调能力的测试手段为折返跑,过多的受耐力、速度、力量素质等个体差异影响,并不能很好的反映协调能力,而日本将反复跳改进为反复横跨(间距1m,时间20s),能更好地反映人体的整体协调能力,受其他因素影响程度较小。由此可见,我国国民体质评价中协调能力测试手段是不合理的,需要在实践中加以改进。

对我国青少年长跑运动员执教教练员进行问卷调查,在对青少年长跑协调能力看法的调查中,认为协调能力"非常重要"的教练员占28.6%,认为"重要的"占31.7%,认为一般的占33.3%,认为不重要的占6.4%;协调能力训练安排的调查中,"比较经常"进行协调能力训练的占20.6%,"一般"的占41.3%,"不经常"的占38.1%;所采用的协调能力训练手段中,教练员所填写频次较高的分别为折返跑、小步跑、车轮跑、交叉步跑、立卧撑等。

问卷结果显示,教练员对青少年长跑运动员协调能力重要性的看法并不一致,存在着认识较为模糊的情况。从访谈结果来看,教练员认为"长跑属于体能类耐力项目,技术性不是很强,因此协调能力并不是训练的重点"。从前述研究来看,基础训练阶段技术训练占有重要的地位,技术的好坏决定着长跑运动员动作的经济性与否,将最终决定运动员能否达到本人成绩的最高水平,而青少年时期的协调能力训练是技术训练的重要内容之一,对其忽视说明了教练员训练理念中存在着一定的误区。

训练实践是训练理念的反映。在协调能力训练的安排调查中,"不经常"安排协调能力训练和安排程度"一般"的教练员占79.4%,说明了教练员在青少年训练中协调能力训练安排的整体情况较差。而协调能力训练的手段中,教练员常安排的多为一些跑类练习的专门技术练习,在一定程度上说明了教练员对青少年长跑运动员协调能力训练的专门内容和手段并不是很清楚。

4.4.3.2 协调能力测试分析

青少年长跑运动员基础训练阶段处于协调能力发展的敏感

4 结果与分析

期和关键期,如果在这一阶段对协调能力不加以重视和培养,而以体能训练为主,等到成年后体能潜力挖掘余地不大时,再反过来进行技术和协调能力的训练,能否取得满意的协调能力训练效果还值得商榷。

在青少年长跑运动员的追踪调研中,笔者对青少年长跑运动员的协调能力进行测试比较研究,测试对象为山东省体校处于基础训练阶段的少年长跑运动员和山东省队青年优秀长跑运动员(两者均未进行过专门的协调能力训练),测试方法为反复横跨(间距1m,时间20s,详细过程见研究方法部分),所有测试对象测试前均未进行过反复横跨练习。

采取这种测试进行分析的原因在于:第一,由于反复横跨需要测试者以尽可能快的动作速度横跨,因此,能够反映人体的反应速度;第二,反复横跨需要测试者准确的跨越而不踩踏横线,因此能够反映人体的空间定向能力;第三,反复横跨需要一定步伐的变化,因此能够反映人体的认知能力、节奏能力;第四,测试者想要取得好的成绩,就需要具有良好的身体重心控制和身体放松能力,因此能够反映人体的本体感觉和平衡能力;第五,反复横跨受测试者下肢力量、位移速度影响不大,适合于各年龄群体测试,和传统折返跑受素质、年龄影响过大不同,反复横跨测试更为接近协调能力的内涵;第六,反复横跨测试时间选取为20s,运动员不会产生疲劳,不受耐力因素影响,从测试结果来看,20s已经能够反映协调能力的差异;第七,反复横跨距离选取为1m(未采用我国选材著作中建议的1.2m),能够保证低年龄和低身高个体测试时不受身体条件限制。由此可见,反复横跨测试能够较好的反映人体协调能力的六大要素,并且距离、时间设置较为合理,作为人体协调能力测试的指标之一是合适的。

表55是长跑青、少年运动员反复横跨测试基本情况表,其中,省体校少年长跑运动员共50人,省队青年优秀长跑运动员共29人,少年长跑运动员中绝大多达数为二级,占66%,青年优秀长跑运动员中绝大多数为健将级,占65.5%。

表55 长跑青、少年运动员反复横跨测试基本情况表

情况	人数	年 龄	身 高	体 重	训练年限	三级	二级	一级	健将
少年	n=50	16.90±1.47	172.72±6.52	56.80±6.92	3.84±1.45	10	33	7	0
青年	n=29	22.62±2.85	172.44±5.16	59.79±6.52	7.62±2.21	0	2	8	19

表56是长跑青、少年运动员反复横跨测试结果统计比较表，从中可以看出，少年长跑运动员反复横跨最多为59分，最少为23分，平均为41.04分(S为9.11)；青年优秀长跑运动员最多为45分，最少为31分，平均为36.55分(S为3.15)。对青、少年长跑运动员反复横跨结果进行两独立样本T检验统计，结果显示，少年长跑运动员和青年优秀长跑运动员反复横跨测试成绩存在非常显著的差异(P<0.01)，少年长跑运动员反复横跨测试成绩明显优于青年优秀长跑运动员。

表56 长跑青、少年运动员反复横跨测试结果统计比较表

组别	少 年	青 年	T	P
n	50	29	3.173	0.002
$\bar{x}$±S	41.04±9.11	36.55±3.15		

在长跑少年和青年运动员都没有专门进行过协调能力训练时，青年优秀长跑运动员平均训练年限(7.62)长于少年长跑运动员(3.84)，训练水平要高于少年长跑运动员，但是其反复横跨测试成绩却明显低于少年长跑运动员，由此可见，协调能力在不经过专门训练和培养的情况下，不会随着运动员训练水平的提高而增强，反而会随着训练专门化程度的提高而下降。

从表55可见，少年长跑运动员和青年优秀长跑运动员之间的差异之一在于训练年限、体重和训练水平等三方面，协调能力的差异必然和这三方面有着一定联系。第一，少年长跑运动员处于协调能力发展的敏感期和关键期，神经肌肉反射过程灵活性要优于青年优秀长跑运动员，因此，反应速度、本体感觉能力要优于青年优秀长跑运动员；第二，少年长跑运动员平均体重低于青年

优秀长跑运动员,控制身体重心要比青年优秀长跑运动员容易,因此,其平衡能力也在一定程度上优于青年优秀长跑运动员;第三,随着训练水平的提高,青年优秀长跑运动员身体速度、力量、耐力增强,但其柔韧性相对会在一定程度上下降,然而人体协调能力,以及所设计的反复横跨受力量、速度、耐力能力影响并不大,反而与灵敏、动作幅度、动作速度关系更加密切,因此,少年长跑运动员会在展示空间定向能力、节奏能力方面比青年优秀长跑运动员更占优势;第四,少年长跑运动员处于好奇心强、兴趣强烈的心理年龄段,测试中表现出来的兴奋程度要高于青年优秀长跑运动员,因此,在认知能力(动机)方面少年长跑运动员也要好于青年优秀长跑运动员。

综上所述,少年长跑运动员在协调能力结构中的反应能力、空间定向能力、节奏能力、本体感觉能力、平衡能力、认知能力等方面均要优于或者比青年优秀长跑运动员更占优势,当协调能力测试设计中排除随着训练年限增加和训练水平提高而导致的力量、速度、耐力等素质提高的影响时,少年长跑运动员反复横跨成绩明显优于青年优秀长跑运动员。

因此,在女子少年长跑运动员基础训练阶段,应该把协调能力的培养和发展放在重要的位置,如果在此阶段协调能力不加以培养和提高,随着年龄增长和训练水平提高,协调能力会在一定程度上出现下降,必然会影响到长跑运动员的技术水平和动作的经济性,最终制约其最高成绩的发展水平。从前述长跑运动员全面训练阶段的研究来看,基础训练阶段在技术训练中增加协调能力训练的成分、进行多项或全能训练、训练手段尽量多样化、增加游戏成分以激发运动员的训练动机等都能够提高女子少年长跑运动员的协调能力,达到基础训练阶段协调能力全面发展的目的。

5 结论和建议

5.1 结 论

第一,我国青少年女子长跑运动员群体波动较大,队伍稳定性差,注册人数逐年递减,直接威胁到我国潜优势项目人才储备;女子注册人数大大低于男子;后备人才年龄分布不合理,注册年龄限制偏大,未考虑运动员性别差异;运动员在选择专项时存在着较大盲目性,缺乏宏观指导和调控,导致参与长跑项目人数分布极不平衡;少年(女 11－14 岁,男 11－16 岁)优秀长跑运动员年龄结构比较合理,女子运动员比例趋于合理,甘肃、河北、内蒙古、青海等优势省份人才偏少。

第二,大部分青少年长跑家庭条件较差,进入少年体校年龄偏大,平均滞后 1－3 年;成就动机较高、训练目标切合实际,能够处理好文化课与运动训练关系,与教练员交流状况良好,但对将来就业有后顾之忧,对文化课所持态度并不积极;存在过度训练情况,运动损伤情况在可接受范围之内,多为劳损和骨膜炎,且多为训练学原因造成。

第三,其执教教练员年龄分布较合理,高学历和高职称人才比例较低,专业运动员出身比例较高;基础训练指导思想不明确,执教目标存在偏差和短视行为,对文化课的态度和训练中的重视程度并不相符,参与科研和训练计划制定情况不甚理想,大部分体校经费和场地、科研条件不能满足训练需求;较少采用训练过程控制较为精细、科技含量高、对于客观条件要求高、不符合长跑项目竞技特征、过程控制性等训练方法;一般耐力、专项耐力、速度力量、心理训练内容单一,手段落后,其选用受经费设施等软硬件客观条件制约较大。

第四,女子长跑运动员青少年时期专项成绩的增长比例,在少年基础训练阶段增长过快,青年专项提高阶段增长比例低于《大纲》标准,高水平阶段增长预留空间不足,最终将限制运动员应该达到的最高成绩水平。

第五,女子长跑运动员基础训练阶段训练和参赛安排与青年阶段"趋同",年(周)训练次数大大超出《大纲》标准,年度参赛略显不足,且分布不均、级别不高,存在较为严重的早期专项化;一般训练及技术、速度、力量训练比例偏低,训练内容、方法和手段缺乏多样性,多项(或跨项)训练较少;训练的负荷安排节奏变化合理,训练的高负荷量和高强度比例导致有氧训练不足,有氧和无氧(混氧)训练比例失衡和倒置,训练效率不高;准备活动和整理活动监督管理情况较差,协调能力训练安排不足,少年长跑运动员协调能力(反复横跨)明显优于青年优秀长跑运动员。

5.2 建 议

第一,在进行青少年女子长跑运动员基础训练研究和体制改革时,要从更高层次上看待问题,重新审视体育资源的社会化和公平性、竞技体育多元化的价值和功能。(1)进一步坚持和完善举国体制,对单轨制的竞技体育人才培养模式进行改革,探索体教结合等多轨制的培养模式,把提高竞技体育社会化程度作为改革目标;(2)加大对青少年基础训练的投入和科研力度;(3)对青少年参赛年龄进行规定,并加强注册管理,降低注册限制年龄,保证后备人才年龄分布的合理性;(4)取消不必要的少儿单项田径比赛,制定多项和全能训练计划;(5)通过多项全能项目开展、运动员掌握基本技术、身体发育、个人教育、输送人才情况来考察少年体校基础训练工作,从根本上解决年龄造假行为;(6)通过专项成绩不同阶段的增长比例和规律研究,在《大纲》中对运动员相关素质进行规定和限制,避免"竭泽而渔"。

第二,对青少年女子长跑运动员基础训练阶段竞赛形式(项目设置、积分办法等)和奖励制度进行改革,在教练员的初、中级职称的评聘中淡化竞赛成绩权重,并设置正确的奖励导向。通过政策的偏重和导向,来吸引具有丰富执教经验的教练员进入长跑项目青少年运动员执教教练员人才群体。在教练员选用根源上逐步进行改革,从而克服非运动员出身很难进入教练员行业的任用"瓶颈",满足完善教练员知识结构的客观条件,从而提高教练员的整体素质。

第三,在我国长跑项目青少年女子运动员基础训练阶段训练方法的采用中,应该保证训练的设施和经费等客观条件,教练员应该改变训练观念,采用多样化的训练方法;根据年龄段中素质的敏感期有选择地发展一般竞技能力、有氧耐力、速度能力、快速力量、协调能力和运动员心理能力;还需要参考、借鉴优势国家训练方法,提高对训练方法的理解和创新能力;要在训练中多采用蹬自行车、下坡跑、沙滩跑、上坡跑、越野跑、负重跳、台阶跳等训练手段;加强运动技术监督和评价、心理训练,通过合理安排训练负荷和节奏、重视营养和恢复、提高医疗恢复等来减少运动损伤和过度训练的发生。

第四,通过青少年竞赛体制改革,提升经费设施等软硬件客观条件,为多项(跨项)训练或全能训练提供保障;女子青、少年训练阶段需要加强对技术训练的认识,提高技术训练的比例;女子少年基础训练阶段需要提高一般训练的比例,避免专项比例过高,重视多项(跨项)训练、力量和核心力量等训练,女子青年训练阶段需要提高专项训练的比例,保证其较高的专项化程度。控制女子长跑项目青少年时期专项成绩增长比例,避免青年专项提高阶段成绩正常增长出现困难,为高水平阶段成绩预留合理空间。

第五,在青少年女子长跑运动员基础训练阶段(专门)准备期

5 结论和建议

大运动量周训练内容安排中,适当提高技术训练、速度训练和力量训练的比例,安排一定的协调能力训练,提高训练内容的多样化程度。加强训练的心率和血乳酸等监控,使赛前六周晨练一般耐力训练控制在有氧训练范围,提高有氧训练课次比例,避免训练中出现高强度、高负荷量的专项化趋势,以及有氧和无氧(混氧)训练比例的失调和倒置的情况发生。

第六,青少年女子长跑运动员基础训练阶段,需要加强准备活动和整理活动的监督,训练考勤管理,提高教练员和运动员的认识,尤其要使运动员掌握科学的准备活动和整理活动方法,并培养运动员良好的准备活动和整理活动习惯。

第七,女子长跑运动员基础训练阶段应该在技术训练中增加协调能力训练的成分、进行多项或全能训练、训练手段尽量多样化、增加游戏成分以激发运动员的训练动机、培养乐趣、促进健康发育,达到基础训练阶段运动员身心素质全面发展的目的。

研究总结与展望

本研究通过文献资料调研法、逻辑分析法对青少年女子长跑运动员基础训练的定义、阶段划分,以及国内外基础训练阶段训练、竞赛体制进行了较为深入的理论分析,指出了运动员早期专项化的一些原因,并提出了解决问题的对策。

通过问卷调查法对青少年女子长跑运动员及其执教教练员的一般情况等进行了调查研究,对教练员基础训练指导思想、训练计划、训练管理、训练方法和手段、恢复和营养等安排,以及运动员的转项、训练动机、文化教育、运动损伤和过度训练等情况进行了深入的统计分析。同时,对基础训练的核心内容进行了现状调研,就青少年女子长跑运动员基础训练时间和比赛安排、专项成绩增长规律、一般和专项训练比例、身体素质和技术训练比例、多项训练安排、力量训练状况进行了深入的统计分析。在此基础上,与青年专项提高阶段的宏观训练状况进行了比较,指出了青少年女子长跑运动员基础训练中存在的问题,并提出了针对性的对策。

通过个案研究法,对山东省体校长跑队进行了为期两个月的跟队追踪调研,通过实证研究法,进行了训练中典型课次的全程心率遥测、血乳酸测试,以及青少年长跑运动员的协调能力测试。据此,对青少年女子长跑运动员基础训练准备期大运动量周和赛前大强度周训练结构进行了统计分析,并就赛前六周重点训练课中的训练内容手段、一般耐力和专项耐力负荷量安排、负荷总体特征、有氧和无氧比例、血乳酸监控、准备活动和整理活动等长跑项目基础训练核心内容进行了深入的调研统计分析,找出了青少年女子长跑运动员基础训练中存在的相关问题,并提出了合理化的建议。

由于各种主客观原因的限制,本研究尚存在一些问题,需要在将来进行更进一步的研究,具体如下:

第一,受经费和时间的限制,仅对山东省体校长跑队进行了为期两个月的跟队追踪调研。对所取得的教练员年度训练计划进行整理,仅获取了粗略的训练内容和训练量安排等信息,难以就年度或者多年的训练负荷、一般和专项训练、身体素质和技术训练等青少年女子长跑运动员基础训练核心内容进行系统的统计分析研究,从而找出基础训练这个多年训练过程存在的详细问题。

第二,研究中所进行的长跑项目基础训练比较研究,比较的依据是2007年版的《全国青少年奥运项目教学训练大纲》,此大纲是在1999年版的《田径教学训练大纲》的基础上重新修订的,就两者内容的比较而言,一方面大纲制定的依据值得商榷,另一方面大纲的内容变化不大。大纲制定和研究的滞后,必然会制约本研究的水平和层次的提高。

第三,由于搜集到的肯尼亚、埃塞俄比亚、俄罗斯、英国、美国、澳大利亚等长跑项目优势国家的青少年长跑运动员基础训练方法、竞赛资料缺乏系统性,难以全面的与之进行直接的对比研究。与长跑项目高水平国家青少年女子长跑运动员基础训练比较研究的缺乏,同样制约了本研究的水平和层次的提高。

第四,中国体育发展的根本在于社会化、职业化和产业化。如何提高竞技体育的理论研究成果转化率,实现训练理论与实践的有机结合,必然要进行更深层次的竞赛和训练体制、体育可持续发展等方面的社会学研究。

综上所述,能够把握进一步坚持和完善"举国体制"的渐进变革时机,发挥体制的优势,就长跑项目优势国家对青少年长跑运动员基础训练进行多年训练及其相关管理体制的追踪调研,并在此基础上,对国内"长跑项目教学训练大纲"进行研究和修订,将会为进一步研究的开展提供更高的平台,为促进我国青少年女子长跑运动员基础训练水平的提高,为潜优势项目向优势项目的转化提供实实在在的理论和实践依据。

参考文献

[1] 国家体育总局.奥运争光计划纲要[J].体育科学,1995(3):6—13.

[2] 国家体育总局.2001—2010年体育改革与发展纲要[J].体育科学,2001,21(3):1—8.

[3] 国家体育总局.2001—2010年奥运争光计划纲要[Z].北京:国家体育总局,2002.

[4] 田麦久,石岩,黄竹杭等.论我国2008年奥运会潜优势项目的确定与超常规发展策略[J].北京体育大学学报,2007,30(12):1 585—1 592.

[5] 文超.中国田径运动百年[M].北京:人民体育出版社,2006:390—393.

[6] 陈小平.训练理念的发展——传统与创新的碰撞[J].体育科研,2006,27(4):59—63.

[7] 陈小平,刘爱杰.我国竞技体育奥运基础大项训练实践的若干理论思考[J].体育科学,2009,29(2):8—14.

[8] 任海.对70年代初我国优秀少年田径运动员的调查及对其"早衰"原因的探讨[J].北京体育学院学报;1991(2):18—24.

[9] 徐本立.早期训练科学化的提出及其系统化训练理论[J].山东体育学院学报,2001,17(2):1—6.

[10] 刘涛,王小冰,张军.中国竞技田径项目优势省份发展的影响因素分析[J].南京体育学院学报,2009,23(2):6—11.

[11] 王港,刘仁盛.中外女子长跑项目当前现状与发展趋势研究[J].北京体育大学学报,2003,26(3):405—407.

[12] 宋广林.中国女子中长跑的现状分析和对策研究[D].

济南:山东师范大学,2006.

[13] 李学东.云南中长跑成绩下滑原因分析及对策研究[D].昆明:云南师范大学,2005.

[14] 陈剑峰.内蒙古自治区马拉松运动现状调查与发展研究[D].苏州:苏州大学,2005.

[15] 郭经宙,韩克平,任保国.对世界中长跑训练方法的比较研究[J].体育与科学,2002,23(1):50-53.

[16] 马丽华,孟宪华,周军.北京市中长跑队运动员冬训阶段某些生理生化指标的监测分析[J].首都体育学院学报,2007,19(4):50-52.

[17] 马瑞华,刘建业,闫洁.我国女子长跑运动员专项身体素质训练状态的诊断与评价研究[J].北京体育大学学报,2008,31(1):128-131.

[18] 楼静,张根生,陈春枝等.田径运动员赛前训练期身体机能评定及营养恢复探讨[J].北京体育大学学报,2003,26(6):770-772.

[19] 王安利.田径运动损伤的原因、特点及预防[J].田径,2001(2):36-37.

[20] 颜智,孙凯利.少儿田径运动员疲劳性骨膜炎诊断与治疗[J].田径,1996(2):40.

[21] 谭英杰.高校中长跑教学常见运动损伤及防治[J].田径,2000(8):26-27.

[22] 张玉泉.我国中长跑运动员技术之不足[J].田径,2000(5):15-16.

[23] 王姝毅.甘肃省女子5 000m、3 000m跑运动员技术运动学研究[D].兰州:西北师范大学,2007.

[24] 路鹏,缪爱琴,汤强.不同水平中长跑运动员跑步能效的比较[J].体育与科学,2008,29(6):72-73.

[25] 李相如,朱凯.优秀中长跑运动员心理特征研究的综述[J].北京体育师范学院学报,1996,8(3):82-86.

[26] 周成林,李朝林.辽宁省优秀中长跑运动员心理能力的

研究[J].中国体育科技,2000,36(5):3－4.

[27] 陈效范.论田径基础训练[J].体育科学,1995(3):22－25.

[28] 宋广林,孙光.我国少儿田径基础训练存在的几个问题[J].山东体育科技,1996,18(2):7－9.

[29] 王保成.少年儿童田径运动训练特点(上)[J].田径,2003(4):20－21.

[30] 王保成.少年儿童田径运动训练特点(下)[J].田径,2003(5):16－18.

[31] 王林.如何安排青少年中长跑的年周日训练计划[J].中国学校体育,2003(5):47－49.

[32] 刘波.夏丰远、窦兆波的基础训练[J].田径,2001(3):10－11.

[33] 林同庚.基础训练是运动员成才的必由之路——赵存林的成长过程[J].田径,2001(4):22－27.

[34] Bloom, M. Whole in one: With our new integrated training plan, you can get in the best shape of your life [J]. Runner's World, Mountain View (Calif.), 1998, 33(5):48－56.

[35] Gibbons, T. Common characteristics of successful endurance programs: factors of success. Part I [J]. Track and Field Coaches review, Gainesville (Fla.), 2000, 73(2):15－17.

[36] Lowes, D. The perfect schedule: what ingredients go into producing the perfect training schedule? [J]. The coach, Peterborough, 2000(1):7－14.

[37] Bideau, N. Coaching middle and long distance runners: a commentary [J]. Modern Athlete and coach, 2006, 44(3):3－6.

[38] Swardt, A, de. The training and performance of women distance runners [J]. Modern Athlete and Coach, Adelaide, 1997, 35(3):23－26.

[39] Swardt, A. de. Hills and fartlek [J]. Track and Field Coaches Review, Gainesville (Fla.), 1997, 97(2):22－23.

[40] Bartonietz, K. The secrets of Kenyan distance runners [J]. Leichtathletiktraining, Münster, 2003, 14(5):36-39.

[41] Mayers, R. E. The cybernetics of Kenyan running: Hurry, Hurry has no blessing [M]. Durham, N. C: Carolina Academic Press, 2005:248.

[42] Millard-Stafford, M. Water versus carbohydrate-electrolyteingestion before and during a 15-km run in the heat [J]. International Journal of Sport Nutrition, Champaign (III), 1997, 7(1):26-38.

[43] Anderson, The best substitute [J]. O. Runner's World, Mountain View (Calif), 1998, 33(2):34.

[44] Grant, L. The etiology and clinical features of low back pain in distance runners: a review [J]. International SportMed Journal, Champaign (III.), 2004, 10(1):4.

[45] Pöhlitz, L. Fast recovery-complex regeneration [J]. Leichtathletiktraining Münster, 2000, 11(6):37-39.

[46] Mayer, F. Injuries and complaints with runners: Prevention and therapy [J]. Deutsches Ärzteblatt, Cologne, 2001, 98(19):B1069-B1074.

[47] Lowes, D. Mobility, drills, strength and flexibility [J]. The Coach, Peterborough, 2004, 24(9/10):49-56.

[48] Nieuwenhoven, M. A. van. The effect of two sports drinks and water on GI complaints and performance during an 18-km run [J]. International Journal of Sports Medicine, Stuttgart, 2005, 26(4):281-285.

[49] 张京雪译. 儿童和青少年田径运动第84号[J]. 国际田联田径运动新研究(中文版), 2008(3):101-127.

[50] Jurisma, V. Development pattern for young athletes [J]. Modern Athlete and Coach, Adelaide, 1980, 18(2):23-25.

[51] 张英波译. 参与田径运动的儿童和少年[J]. 国际田联田

径运动新研究(中文版),2008(3):7-17.

[52] Markus, D. How young to begin specialized athletics training [J]. Athletics Coach, Halesowen, 1976, 19(4):17-19.

[53] Dick, F. Basic technical model and the young athlete [J]. Athletics Coach, Halesowen, 1980, 14(1):15-18.

[54] Baumann, I. On top as s junior and then? [J]. Modern Athlete and Coach, Adelaide, 1998, 36(1):12-14.

[55] Grund, M. From talent to elite athlete: A study of the performance development of the finalists at the 1999 IAAF World Youth Championships [J] New Studies in Athletics, Aachen,2006,21(2):43-55.

[56] Busse, G. et al. Fun in athletics [J]. Modern Athlete and Coach, Adelaide, 1998, 36(4):21-25.

[57] Chimier, J. Roundtable No. 36:1st World Youth Championships in Athletics [J]. New Studies in Athletics, Aachen, 2000, 15(1):61-67.

[58] Sanderson, L. Factors in the design and implementation of programmes that will attract, recruit, retain and develop young athletes [J]. New Studies in Athletics, Aachen,2003,18(3):27-34.

[59] Gosoli, C. IAAF kids' athletics-a team event for children-A practical guide for Kids' Athletics animators (2nded) [J]. Monaco: IAAF,2006.

[60] Niekerk, O. van. Developing of young endurance athletes[J]. Modern Athlete and Coach, Adelaide, 2002, 40(3):27-30.

[61] Larry Green. Training young distance runners, 2nd ed[M]. Champaign, III: Human Kinetics, 2004:226.

[62] 李晓东,谭智平. 现代中长跑运动科学训练方法[M]. 长沙:湖南人民出版社,2008:4.

[63] 李杰晨,王立成. 中长跑[M]. 北京:人民体育出版社,

1997:1.

[64] 文超.田径运动高级教程[M].北京:人民体育出版社,2003:300.

[65] 辞海编辑委员会编纂.现代汉语辞海[M].北京:光明日报出版社,2003.

[66] 中国体育科学学会香港体育学院主编.体育科学词典[M].北京:高等教育出版社,2000.

[67] 全国体育学院教材委员会主编.运动生理学[M].北京:人民体育出版社,2002:373.

[68] 史洪滨.人体解剖生理学[M].北京:科学出版社,2009:477.

[69] 全国体育学院教材委员会主编.运动心理学[M].北京:人民体育出版社,2005:122.

[70] 张英波译.选材注释[J].国际田联田径新研究(中文版),2008(2):90.

[71] 全国体育学院教材委员会主编.运动训练学[M].北京:人民体育出版社,2000:323－339.

[72] 张英波译.国际田联青少年计划[J].IAAF RDC-Beijing Bulletin,2008(2):90－92.

[73] 许世岩.中长跑运动方法学[M].北京:中国教育文化出版社,2005:56.

[74] 国家体育总局竞技体育司编著.全国青少年奥运项目教学训练大纲[M].北京:人民体育出版社,2008:526－528.

[75] 薛怡敏.美、俄、德、日四国业余体育训练体制的发展特点[J].沈阳体育学院学报,2003(2):113－114.

[76] 潘前.中美体育后备人才培养体制初探[J].西安体育学院学报,2003(3):23－25.

[77] 卢元镇,张新萍,周传志.2008后中国体育改革与发展的理论准备[J].体育学刊,2008(2):1－6.

[78] 李元伟,鲍明晓,任海,等.关于进一步完善我国竞技体

育举国体制的研究[J].中国体育科技,2003(8):1-5.

[79] 白耀东.后奥运时期我国体育发展思考[J].体育文化导刊,2009(6):2.

[80] 王保成,吕乙林,张凡等.我国田径运动后备力量的现状分析[J].中国体育科技,2002(10):3-5.

[81] 李红艳,黄善球.我国竞技体育后备人才培养现状[J].山东体育学院学报,2002(1):21-23.

[82] 陈广.我国16-20岁竞技后备人才可持续发展研究[D].北京:北京体育大学,2005.

[83] 张平国.也谈少儿早期专项化[J].田径,2000(8):16-19.

[84] 徐本力.早期训练科学化的提出及系统化训练理论[J].山东体育学院学报,2001,17(2):1-6.

[85] Longden, B. Thought on developing young talent [J]. Athletics Coach, Halesowen, 1995, 29(3):25-28.

[86] 吴贻刚,陈先良,王健等.论我国青少年体育训练和竞赛组织模式改革与创新的指导思想及原则[J].上海体育学院学报,2002(2):46-50.

[87] 董官清,鞠成军,廉俊颖.自由教育理念与职业体育价值观的互动与融合——美国竞技体育人才培养模式的文化基因[J].山东体育学院学报,2002(4):13-16.

[88] 左琼,钟秉枢,贾冰等.全国体育系统教练员人力资源状况分析[J].北京体育大学学报,2009(9):6-8.

[89] 尹军.对我国部分项目优秀教练员知识结构的研究[J].武汉体育学院学报,2000(1):41-44.

[90] 辞海编辑委员会编纂.现代汉语辞海[M].北京:光明日报出版社,2003.

[91] 钟秉枢,于立贤,刘润芝等译.执教成功之道[M].北京:北京体育大学出版社,2007:1-151.

[92] 张英波译.在年轻运动员培养中目前存在的问题[J].国际田联田径新研究(中文版),2008(3):19-25.

[93] Randy E. Mayes. 肯尼亚长跑控制论:加速,加速,没有保佑[J],国际田联田径运动新研究(中文版),2007(2):123.

[94] 全国体育学院教材委员会主编. 运动训练学[M]. 北京:人民体育出版社,2000:135.

[95] Ebbets, R. Wings of an eagle [J]. Track Coach, Mountain View (Calif), 2001:158.

[96] 田麦久,许小冬译审. 运动耐力[M]. 北京:人民体育出版社,2004.

[97] 全国体育学院教材委员会主编. 运动生理学[M]. 北京:人民体育出版社,2002:155.

[98] 卫京伟. 竞技运动人才地理分布之理论初探[J]. 首都体育学院学报,2005(6):59－63.

[99] 黄贵,丁俊武. 运动训练与自然环境[J]. 解放军体育学院学报,2002(1):34－36.

[100] 马志和,徐宏伟,赵鸽尔. 中外竞技体育后备人才培养体制的比较研究[J]. 上海体育科研,2003(3):56.

[101] 卢元镇. 中国竞技体育现行管理体制的制度性代价[J]. 体育学刊,2010(3):7－11.

[102] Driscoll, D. G. Barefoot running: a natural step for the endurance athlete [J]. Track Coach, Mountain View (Calif), 2004, 168:5 373－5 377.

[103] Shigin, P. Ma junren's recovery methods [J]. Modern Athlete and Coach, Alelaide1995, 33(4):41.

[104] 全国体育学院教材委员会主编. 运动训练学[M]. 北京:人民体育出版社,2000:119.

[105] 田麦久,许小冬译审. 运动耐力[M]. 北京:人民体育出版社,2004:495－511.

[106] 全国体育学院教材委员会主编. 运动生理学[M]. 北京:人民体育出版社,2002:387.

[107] 王跃新. 优秀运动员过度训练综合症[J]. 体育科研,

2007(2):86.

[108] 陈小平.竞技运动训练实践发展的理论思考[M].北京:北京体育大学出版社,2008(3):157-158.

[109] 徐佶,吕乙林,刘永东.现代田径运动的主要特征——兼论我国田径运动中存在的问题和对策[J].广州体育学院学报,2000(3):91.

[110] 全国体育学院教材委员会主编.运动训练学[M].北京:人民体育出版社,2000:24.

[111] Saunders,P. U. Factors affecting running economy in trained distance runners[J]. Sports Medicine,Auckland(N. Z.),2004,34(7):465-485.

[112] Papen, H. von. Think of the future! [J]. Leichtathletiktraining, Münster,2006,16(2+3):10-15.

[113] Crawley, J. Can explosive strength training improve distance running performance? [J]. Strength and Conditioning Journal,Colorado Springs(col.),2002,23(8):51-52.

[114] http://www. profitness. net. nz/articles. htm♯strengthtraining forrunners.

[115] Rankin, R. A review of trunk and pelvic girdle mechanics during middle distance running[J]. Modern Athlete and Coach,Adelaide,2003,41(1):3-6.

[116] 王卫星,李海肖.竞技运动员的核心力量训练研究[J].北京体育大学学报,2007(8):1 119-1 121.

[117] 魏永敬,赵焕彬,宋旭峰,等.悬吊训练法功能及其应用现状研究[J].天津体育学院学报,2009(4):358-360.

[118] 胡扬.振动训练——提高肌肉力量的有效辅助手段[J].体育科学,2006(6):84.

[119] 胡好,张英波等.再论运动训练结构[J].北京体育大学学报,2009(10):105-108.

[120] 全国体育学院教材委员会主编.运动训练学[M].北

京:人民体育出版社,2000:367-372.

[121] Pfitzinger, P. Speed for the long haul: the most effective workouts for distance runners [J]. Running Times, 2001(4),285:14.

[122] 全国体育学院教材委员会主编. 运动训练学[M]. 北京:人民体育出版社,2000:420-421.

[123] 许世岩. 中长跑运动方法学[M]. 北京:中国教育文化出版社,2005:103-107.

[124] 陈小平. 竞技运动训练实践发展的理论思考[M]. 北京:北京体育大学出版社,2008:133-173.

[125] 张惠春,李红武."血乳酸"测试法在运动训练中的应用[J]. 上海体育学院学报,1995(12):99-101.

[126] Italy. Marathon training:report of BSU[R]. Rosa,2010.

[127] 陈小平. 竞技运动训练实践发展的理论思考[M]. 北京:北京体育大学出版社,2008:162-163.

[128] 骆学锋,张英波. 短跑准备活动组合练习的创新及其训练效果的实验比较研究[J]. 北京体育大学学报,2009(6):129-131.

[129] Anderson. O. The perfect warmup [J]. Runner's World,Mountain View(Calif),1997,32(9):32.

[130] 田麦久,许小冬译审. 运动耐力[M]. 北京人民体育出版社,2004:318.

[131] 严波涛,许崇高. 动作协调能力研究的现状与方法学问题[J]. 西安体育学院学报,1999(4):33-35.

[132] 张珂. 人体动作协调能力理论的诠释及其构成要素的实证研究[D]. 北京:北京体育大学,2010.

[133] 王金灿. 运动选材原理与方法[M]. 北京:人民体育出版社,2005:171-175.

[134] 阎智利,石井胜. 关于中日学生体质健康标准的比较[J]. 体育学刊,2005(11):105-108.

[135] 窦文浩,翟士岭,王林. 竞走运动员"速度阈值"的研究[J].

体育科学,1993(2):55—59.

[136] 王卫星,李海肖.竞技运动员的核心力量训练研究[J].北京体育大学学报,2007(8):1 119—1 121.

[137] 魏永敬,赵焕彬,宋旭峰,等.悬吊训练法功能及其应用现状研究[J].天津体育学院学报,2009(4):358—360.

[138] 胡扬.振动训练—提高肌肉力量的有效辅助手段[J].体育科学,2006(6):84.

[139] 陈小平.竞技运动训练实践发展的理论思考[M].北京:北京体育大学出版社,2008:133—173.

[140] 陈方灿.体能康复训练的价值和功能[J].体育科研,2011,32(4):56—59.

[141] 陈方灿译.最大力量训练与耐力的关系[J].Strength and donditioning Training,2006(3):24—25.

[142] 陈小平,梁世雷,李亮.当代运动训练理论热点问题及对我国训练实践的启示—杭州国际运动训练理论与实践创新论坛评述[J].体育科学,2012,32(2):3—11.

[143] 张英波.功能动作训练在竞技体育中的前沿实践[J].山东体育科技,2012,34(2):1—4

[144] 宋德海,巢晓春.力量训练发展方式研究[J].山东体育科技,2011,33(4):9—12.

[145] 户进菊.国外力量训练研究动态[J].中国体育教练员,2008,16(3):38—39.

[146] 陈小平.当前我国竞技运动训练需要认识的几个问题[J].2009,10(2):4—9.

[147] 孙莉莉.美国功能动作测试(FMS)概述[J].体育科研,2011,32(5):29—32.

[148] Pyne D. B. , H. Lee, K. M. Swanwick. Monitoring the lactate threshold in world-ranked swimmers[J]. Medicine and Science in Sports and Exercise,2001,33(2):291—297.

[149] Land/Water Strength In Swimmers and Testing method-

ology [EB/OL]. http://www.ada.com.

[150] Theriault, D., Richard, D., Labrie, A., & Theriault, G. Physiological and psychological variables in swimmers during a competitive season in relation to the overtraining syndrome[J]. Medicine and Science in Sports and Exercise,1997,29: 1 237.

[151] Brent Rutemiller. TEST SETS: Monitoring the Progress of Swimmers[J]. Swimming World Magazine,2005,5:24—26.

[152] Djamila Atlaouil, Matine Duclos, Caroline Gouarne, Lucien Lacoste. The 24 h Urinary Cortisol/Cortisone Ratio for Monitoring Training in Elite Swimmers [J]. Med. Sci. Sports Exerc,2004,36:218—224.

附　录

附件1　长跑运动员青少年训练一般情况调查问卷

尊敬的运动员朋友,您好!

您是我们国家田坛未来的主人,也是我国田径运动实现可持续发展的希望。我们设计的这份问卷,目的是从运动员的角度来了解我国潜优势项目之长跑运动员青少年基础训练的现状和特点。您的回答将直接决定研究工作的价值,在此,恳请您抽出宝贵的时间,结合您的实际情况,实事求是地填写此问卷。

在向您表示敬意的同时,深深地感谢您!

导　师:张英波教授

博士生:骆学锋

一、您的基本情况(不填姓名)

年龄____,性别____,家庭所在地_____,专项_____,副项_____

父亲的年龄____,职业_____,文化程度_____

母亲的年龄____,职业_____,文化程度_____

二、一般情况调查(请在您认为合适的选项上打"√",少数题目请填写)

1. 您现在在哪里训练(如不属于①－④,请在⑤后填写实际情况)

①国家集训队　②省体工队　③省市体校　④地市体校　⑤其他_____

2. 您现在的运动等级

①国际健将　②国家健将　③一级　④二级　⑤三级　⑥少年级

3. 您的文化程度

①小学　②初中　③高中　④大学　⑤研究生

4. 您最初进入少年体校的年龄是____岁,专项是_____,达到的运动等级是_____

3 000m 成绩是_____,5 000m 成绩是_____,10 000m 成绩是_____

5. 您每年参加国际比赛____次;全国比赛____次;省级比赛____次;市级以下比赛____次

6. 您是否曾改变原来专项

①是(若转项,请回答第 7－10 题)　②否(若没有转项,请直接回答第 11 题)

7. 您曾经有过____次转项经历,分别从____、____、____项目转项。

8. 您转项的主要原因是

①同一项目人才太多　②兴趣改变　③受同伴影响　④自己不适合原来的项目　⑤教练选拔

9. 谁引导您转项　①教练　②父母　③同伴　④自己

10. 转入新项后,与原项相比,新项的训练效果

①更好　②好一些　③与原项差不多　④差一些　⑤更差

11. 作为一名运动员您感到　①特别自豪　②比较自豪　③一般　④有些自卑　⑤自卑

12. 您参加训练的目标是

①世界冠军　②亚洲冠军　③全国冠军　④进职业队　⑤上大学　⑥走一步看一步

13. 您是否喜欢现在的田径专项

①非常喜欢　②比较喜欢　③一般　④不大喜欢　⑤不喜欢

14. 您参加田径专项的原因(可多选)

①对田径运动项目感兴趣　②离开较差的环境　③未来就业　④学习成绩不好　⑤提高身体素质　⑥其他_____

15. 与运动成绩相比,您认为文化学习

①更重要　②比较重要　③同等重要　④不太重要　⑤不重要

16. 与运动成绩相比,教练员对文化学习

①很重视　②比较重视　③同等重视　④不太重视　⑤不重视

17. 您认为运动训练对文化学习的影响程度

①不影响　②影响不大　③一般影响　④比较影响　⑤严重影响

18. 您的教练的事业心和责任心如何

①很强　②比较强　③一般　④较弱　⑤弱

19. 您的教练的训练工作水平如何

①很高　②比较高　③一般　④较低　⑤低

20. 您的教练员最关心什么

①向上输送人才　②在比赛中取得好名次　③队员能进入大学深造

21. 您的教练与队员们沟通和交流的情况如何

①很好　②较好　③一般　④较差　⑤差

22. 您的教练对队员们是否一视同仁

①是　②一般是　③有时是　④很少是　⑤不是

23. 您的教练要求队员写训练日记的情况怎样

①严格要求　②较严格要求　③一般要求　④不大要求　⑤不要求

24. 您的教练员安排的训练内容、手段和方法的变化情况

①变化很大　②变化较大　③变化一般　④变化不大　⑤没有变化

25. 假如是身体素质,那进一步需要提高的是(可多选)

①力量　②速度　③耐力　④柔韧性　⑤协调能力

26. 在训练中,您受伤的情况如何
　　①经常　②较多　③一般　④很少　⑤从未
27. 您出现运动损伤的部位是(可多选)
　　①足　②踝　③小腿　④膝　⑤大腿　⑥其他_____
28. 损伤的类型是(可多选)
　　①肌肉拉伤　②擦伤　③劳损　④骨膜炎　⑤韧带扭伤
⑥血尿　⑦其他_____
29. 您出现运动损伤的主要原因是(可多选)
　　①思想因素　②准备活动不合理　③技术缺点和错误
④运动量过大　⑤身体机能状况不良　⑥组织方法不当
⑦饮食营养状况不良　⑧场地、服装、设备的缺点　⑨气象因素
⑩心理因素　⑪其他_____
30. 您出现过度训练的情况是
　　①经常　②较多　③一般　④很少　⑤从未
31. 如出现过度训练,您出现的症状是(请在相应的内容上打"√",可多选)

运动机能	耐力下降	精力下降	成绩下降	协调降低	技术变形	肌肉酸痛	食欲下降	心率血压改变	经常生病
	血尿	月经失调	全身症状	慢性体重下降	容易感染	极易出汗	反应迟缓	睡眠障碍	其他:
心理	易怒	爱激动	情绪低落	情绪不稳定	焦虑	注意力难集中	其他:		

32. 您出现过度训练的原因是
　　①训练失误　②身体情况　③生活方式　④社会环境
⑤管理　⑥其他_____
33. 请您说说在训练中,您最需要教练员为您做的事情是什么?

34. 您最希望所在单位的领导为您做的事情是什么？

35. 请填写 2001－2009 年您参加比赛的成绩和名次基本情况

时间(2001－2004 年)	比赛名称(级别)	地点	项目	名次	成绩

时间(2005－2009 年)	比赛名称(级别)	地点	项目	名次	成绩

为防漏答，请您复查，再次感谢您的大力协助！

附件2　青少年长跑运动员执教教练员调查问卷

尊敬的教练员：

　　首先，非常感谢您在百忙之中抽出时间来填写这份问卷！

　　目前，我们正在进行"我国潜优势项目之长跑运动员青少年基础训练"的研究。旨在通过对我国长跑项目运动员基础训练现状的调查，了解我国长跑项目有关训练和管理方面的情况，建立和完善长跑项目青少年基础训练理论。为有关部门了解长跑项目青少年基础训练的状况、进行田径运动基层队伍建设提供参考，以期潜优势项目能够有所突破，变成具有可持续发展优势的项目。期待您有意义的建议。

　　在向您表示敬意的同时，深深地感谢您！

导　师：张英波教授
博士生：骆学锋

　　1. 您所执教的专项_____
　　2. 性别：①男　②女
　　3. 年龄：①30岁以下　②31—40岁　③41—50岁　④50岁以上
　　4. 您的专项执教年限：①5年以下　②6—10年　③11—20年　④21年以上
　　5. 以往的运动经历：①专业运动员　②体育院系学生　③其他_____
　　6. 您的职称：①国家级　②高级　③中级　④初级
　　7. 您的学历：①研究生　②本科　③大专　④中专
　　8. 教练员们在实际执行中对《全国青少年奥运项目教学训练大纲》的看法
　　①非常有必要　②有必要　③无所谓　④不必要

9. 您认为基础训练的重要性如何

①非常重要　②比较重要　③一般　④不太重要　⑤不重要

10. 教练员们对使用违禁药物的态度如何

①坚决反对　②反对　③不反对也不赞成　④赞成　⑤非常赞成

11. 您工作的目的

①以完成任务为目的　②以社会责任和完成任务为目的　③无目的

12. 您执教的指导目标（可多选）

①向上输送人才　②在比赛中取得好名次　③队员能进入大学深造　④无指导思想

13. 您对早期专项化的认识

①非常有必要　②有必要　③无所谓　④不必要

14. 您认为造成早期专项化的影响因素有哪些（可多选）

①教练员指导思想　②训练体制　③教练员管理体制　④竞赛体制　⑤其他_____

15. 您的运动员自身全面发展的程度

①高度发展　②有发展　③很少发展　④无发展

16. 与运动成绩相比，您认为运动员的文化学习

①更重要　②比较重要　③同等重要　④不太重要　⑤不重要

17. 您认为文化学习对运动训练的影响程度

①不影响　②影响不大　③比较影响　④严重影响

18. 您对运动员成长的信任程度

①信任　②信任但不表示出来　③很少信任

19. 运动员比赛中，您希望在场吗

①不希望　②不大希望　③一般希望　④希望

20. 您的决策方式

①教练决定一切　②由教练员引导大家共同决定　③运动员决定

21. 您与运动员沟通和交流的情况如何
①很好　②较好　③一般　④较差

22. 您与运动员的沟通方式
①灌输　②灌输、提问、倾听　③倾听

23. 您对运动员是否一视同仁
①是　②一般是　③有时是　④不是

24. 您在训练中激发运动员的动机情况
①充分激发　②激发　③很少激发　④无激发

25. 您经常阅读青少年训练理论吗
①经常　②比较经常　③一般　④不是很经常　⑤从来不看

26. 您是否制定多年训练计划
①是　②否

27. 您是否制定年度训练计划
①是　②否

28. 您每次训练课前是否制定课时计划
①是　②否

29. 您队每年的经费能维持队伍的发展吗
①足够能　②能　③基本能　④不能

30. 您队经费主要来源(可多选)
①教委的行政拨款　②体育局或协会专项拨款　③学校专项拨款　④企业的赞助　⑤其他_____

31. 您所在单位训练场地质量
①很好　②好　③一般　④差

32. 您单位场地能否满足训练要求
①足够能　②能　③基本能　④不能

33. 您在训练中进行力量训练的情况怎样
①经常　②比较经常　③一般　④不经常　⑤无

34. 您是如何看待青少年长跑运动员的核心力量的
①非常重要　②比较重要　③一般　④不太重要　⑤不重要

35. 您在训练中进行核心力量训练的情况怎样
①经常　②比较经常　③一般　④不经常　⑤无

36. 您是如何看待青少年长跑运动员协调能力的
①非常重要　②比较重要　③一般　④不太重要　⑤不重要

37. 您在训练中进行协调能力训练的情况怎样
①经常　②比较经常　③一般　④不是很经常　⑤无

38. 您采用协调能力的训练手段(无可不填)
_____、_____、_____、_____、_____。

39. 您是如何看待青少年长跑运动员的技术训练的
①非常重要　②比较重要　③一般　④不太重要　⑤不重要

40. 您对队员进行技术诊断和评价的组织情况
①经常　②比较经常　③一般　④不是很经常　⑤无

41. 您安排训练内容、方法和手段的变化情况
①变化很大　②变化较大　③变化一般　④变化不大　⑤没有变化

42. 除专项外,您还经常安排运动员从事何种运动(无可不填)
_____、_____、_____、_____。

43. 您认为在我国田径青少年基础训练阶段,在训练的科学化、系统化方面应如何完善?

44. 在工作中,影响您施展才能的最大障碍是?

45. 您采取的运动营养措施情况(请在方框内打"√")

具体措施	经常用	比较常用	一般	不常用	从未用
专职营养师调配饮食					
进行科学运动营养的学习					
饮食品种变化					
针对性补充营养成分					
补充各种维生素、矿物质食物					

附　录

续表

具体措施	经常用	比较常用	一般	不常用	从未用
补充碳水化合物					
补充糖					
补充比特铁					
补充恢复冲剂					
训练中补充水分和运动饮料					
根据训练内容调整饮食					
根据训练比赛周期调整饮食					
根据训练环境气候调整饮食					
其他(请填写,如无,则不填写)					

您采取的相应恢复措施情况(请在方框内打"√")

具体措施	经常用	比较常用	一般	不常用	从未用
变换训练内容和训练环境					
交替安排负荷					
穿插轻松愉快、富于节奏性的练习手段					
加强合理作息管理					
水疗(水浴、蒸汽浴、盆浴)等					
按摩					
理疗(紫外线照射、电刺激)等					
氧气治疗					
维生素、微量元素、生化药物等的补充					
糖、蛋、脂等能量物质的补充					
服用中草药					
气功、生物反馈等					
自我暗示、放松训练、呼吸调整等方法					
其他(请填写,如无,则不填写)					

您采取的长跑项目训练方法情况（请在方框内打"√"）

编号	1	2	3	4	5	6	7	8	9	10	11	12	13	14	15	16	17	18
训练方法	模式训练法	程序训练法	持续训练法	重复训练法	间歇训练法	循环训练法	变换训练法	分解训练法	完整训练法	比赛训练法	自然跑法	高原训练法	低氧训练法	法特莱克法	变速跑法	马拉松法	血乳酸法	三氧综合法
常用																		
不常用																		
从未用																		

您采取的长跑项目各能力因素训练手段情况（请在方框内打"√"）

	手段\频率	计时跑	长距离跑	重复跑	越野跑	法特莱克跑	自行车	
一般耐力	常 用							
	不常用							
	从未用							

	手段\频率	重复跑	间歇跑	长或短于专项距离跑	专项比赛或测验		
专项耐力	常 用						
	不常用						
	从未用						

	手段\频率	短距离重复跑	加速跑	行进间跑	下坡跑		
速度训练	常 用						
	不常用						
	从未用						

续表

	手段　频率	台阶跳	负重跳	多级跳	沙滩跑	上坡跑	轻器械	持哑铃摆臂
力量训练	常　用							
	不常用							
	从未用							
	手段　频率	牵拉练习	绕环练习	球　类	体　操	游　戏	田径其他项目	
柔韧灵敏协调训练	常　用							
	不常用							
	从未用							
	手段　频率	转移注意法	自我暗示法	诱导法	模拟训练法			
心理训练	常　用							
	不常用							
	从未用							
	手段　频率	分解完整法	加难减难法	虚拟现实法	想象训练法	程序训练法	模拟训练法	实战法
战术训练	常　用							
	不常用							
	从未用							
	手段　频率	训练学	医　学	生物学	营养学	心理学		
恢复训练	常　用							
	不常用							
	从未用							

· 205 ·

请填写1996－2009年您训练的9－18岁长跑项目运动员中在全运会、城运会等大赛取得前六名的队员基本情况

时间			1996－2000年				
训练队员人数			中运会、城运会等前六名人数				
姓名	性别	项目	比赛名称和时间	最好成绩	名次	运动员流向	退役年龄

时间			2001－2004年				
训练队员人数			中运会、城运会等前六名人数				
姓名	性别	项目	比赛名称和时间	最好成绩	名次	运动员流向	退役年龄

时间			2005－2009年				
训练队员人数			中运会、城运会等前六名人数				
姓名	性别	项目	比赛名称和时间	最好成绩	名次	运动员流向	退役年龄

您安排的青少年男长跑运动员基础训练及多年训练情况

负荷 内容	阶段	全面训练阶段 （7—11岁）	基础训练阶段 （11—16岁）	初级专项阶段 （16—18岁）	专项提高阶段 （18—21岁）
训练 时间	一次训练课时数				
	每周训练次数				
	全年训练次数				
不同训 练内容 时数	一般训练周时数				
	专项训练周时数				
	身体训练周时数				
	技术训练周时数				
训练负 荷数量 （km）	全年比赛次数				
	年度负荷总量				
	最大周负荷量				
	最大课负荷量				
能量 代谢 比例%	有氧代谢				
	有氧、无氧混合代谢				
	无氧代谢				
耐力训 练比例%	基础耐力				
	专项耐力				

您安排的青少年女长跑运动员基础训练及多年训练情况

负荷 内容	阶段	全面训练阶段 （7—11岁）	基础训练阶段 （11—14岁）	初级专项阶段 （14—16岁）	专项提高阶段 （16—18岁）
训练 时间	一次训练课时数				
	每周训练次数				
	全年训练次数				
不同训 练内容 比例	一般训练周时数				
	专项训练周时数				
	身体训练周时数				
	技术训练周时数				

续表

阶段 负荷内容	全面训练阶段 （7—11岁）	基础训练阶段 （11—14岁）	初级专项阶段 （14—16岁）	专项提高阶段 （16—18岁）
训练负荷数量（km） 全年比赛次数				
训练负荷数量（km） 年度负荷总量				
训练负荷数量（km） 最大周负荷量				
训练负荷数量（km） 最大课负荷量				
能量代谢比例% 有氧代谢				
能量代谢比例% 有氧、无氧混合代谢				
能量代谢比例% 无氧代谢				
耐力训练比例% 基础耐力				
耐力训练比例% 专项耐力				

附件3　长跑项目现役和退役优秀运动员调查表

尊敬的先生/女士：

　　您是我崇拜和尊敬的运动员。目前，我们正在进行"我国潜优势项目之长跑运动员青少年基础训练"的研究。通过对我国长跑项目现役和退役优秀运动员的调查，其目的是建立和完善长跑项目青少年基础训练理论，希望我国的长跑项目运动员能像您当年那样优秀，使这个潜优势项目能够有所突破，变成具有可持续发展优势的项目。所以，您的经验和建议对我们很重要。

　　在向您表示敬意的同时，深深地感谢您！

导　师：张英波教授
博士生：骆学锋

一、您的基本情况（不填姓名）

　　年龄____，性别____，曾经从事的专项_____，最终专项_____

　　您开始从事最终专项的年龄____，您的最好成绩____，达到

最好成绩的年龄____

二、一般情况调查（请在您认为合适的选项上打"√"，少数题目请填写）

1. 您现在所从事的专业
①教练员　②教师　③管理人员　④科研人员　⑤运动员
⑥其他____

2. 您的文化程度
①研究生　②大学生（含大专）　③高中（含中专）

3. 您所从事的专项的年限
①8—10年　②10—15年　③15—20年　④21年以上

4. 您的职称：教练员方向　①国家级　②高级　③一级
　　　　　　教师方向　　①教授　　②副教授　③讲师
　　　　　　科研人员　　①研究员　②副研究员　③调研员
　　　　　　管理人员　　①司局级　②处级　　③科级
　　　　　　运动员方向　①国际健将　②国家健将　③一级

5. 您在青少年（9—18岁）阶段，除专项外还从事过何种运动？
_____、_____、_____、_____、_____。

6. 您每年参加国际比赛___次；全国比赛___次；省级比赛___次

7. 您在青少年训练阶段对各种训练的重视程度如何？在相应的程度下打"√"

内　容	5分	4分	3分	2分	1分
技术训练					
速度训练					
力量训练					
耐力训练					
柔韧训练					
灵敏训练					
协调训练					
基础训练					
心理训练					
其　　他					

8. 您认为目前青少年基础训练中应注意什么？
9. 请填写 1996－2009 年您参加大赛的成绩和名次基本情况

时间(1996－2000 年)	比赛名称(级别)	地 点	项 目	名 次	成 绩

时间(2001－2004 年)	比赛名称(级别)	地 点	项 目	名 次	成 绩

续表

时间(2005—2009年)	比赛名称(级别)	地　点	项目	名　次	成　绩

再次感谢您的指导与大力协助，向您致敬！

附件4　测试和调研图片

山东省队青年长跑运动员反复横跨测试　山东省体校少年长跑运动员反复横跨测试

血乳酸测试现场 　　　　　　　血乳酸实验室分析

宜春调研 　　　　　　　　　西安调研